윤석열 스피치

윤석열 스피치 _ 취임 1주년 기념집

초판 발행 2023년 05월 10일
초판 인쇄 2023년 05월 01일
펴 낸 곳 투나미스
발 행 인 유지훈
편 　 집 기획팀
출판등록 2016년 06월 20일
출판신고 제2016-000059호
주 　 소 수원 팔달구 정조로 735 3층
이 메 일 ouilove2@hanmail.net
홈페이지 http://www.tunamis.co.kr
ISBN: 979-11-90847-81-0 (03340) (종이책)
ISBN: 979-11-90847-82-7 (05340) (전자책)

윤석열 스피치

윤석열 어록 | 편집부 엮음

투나
미스

CONTENTS

자유, 인권, 공정, 연대의 가치를 기반으로
국민이 진정한 주인인 나라

- 2022년 05월 10일 취임사 -

PRESS INTERVIEW

"국민이 대통령에게 기대하는 태도,
대통령다움이라는 게 어떤 건지 고민하고 있다"

– 신년 인터뷰 2023년 01월 01일 | 조선일보 –

067

DOORSTEPPING

SPEECH

INAUGURAL ADDRESS

연설 | 취임사

Inaugural Address & Speech

"경선 승리, 이 정권 두렵고 뼈아플 것"

"자유, 인권, 공정, 연대의 가치를 기반으로 국민이 진정한 주인인 나라"

자유와 연대_전환기 해법의 모색

"경제가 어려울수록 더 큰 어려움을 겪는 사회적 약자를
보호하는 것은 국가의 기본적 책무입니다"

"성장 막는 폐단 바로잡을 것"

"영광의 역사든, 부끄럽고 슬픈 역사든 역사는 잊지 말아야 합니다.
반드시 기억해야 합니다."

"혁신을 위한 길을 결코 포기하거나 늦춰선 안 됩니다"

"한일관계는 윈-윈 관계가 될 수 있으며, 반드시 그렇게 되어야 합니다"

"북한의 무모한 도발은 반드시 대가를 치르도록 할 것"

"경선 승리, 이 정권 두렵고 뼈아플 것"

2021년 11월 05일 대통령 후보 수락연설

존경하는 국민 여러분! 사랑하는 국민의힘 당원동지 여러분! 국민의 힘 대통령 후보로 선출된 윤석열입니다. 기쁨보다 엄중한 책임감과 정권교체의 무거운 사명감을 느낍니다.

열렬히 성원해주신 국민 여러분, 뜨겁게 지지해주신 당원 동지들께 깊이 감사드립니다.

경선을 역동적인 무대로 만들어주신 이준석 대표님과 당 지도부, 경선을 공정하게 관리해주신 정홍원 위원장님과 선관위원님들께도 깊이 감사드립니다.

새로운 길, 처음하는 일이었기에 부족함도 많았습니다만, 정권교체를 열망하는 국민의 큰 지지와 격려로 여기까지 올 수 있었습니다.

오늘 이 자리엔 승자도 패자도 없습니다. 우리가 내년 3월 9일 승리한다면 모두가 승리자가 될 것이며, 만약 그렇지 못한다면 우리 모두는 패배자로 기록될 것입니다.

경선에 끝까지 함께 하신 세 분의 꿈과 비전, 제가 받들겠습니다. 대선배님이신 홍준표 후보님의 경륜과 'G7 선진국 달성'의 비전을 배우겠습니다. 경제전문가 유승민 후보님의 '디지털인재 100만 양성,' 일자리 공약에 우선적으로 반영하겠습니다. 대장동 1타강사 원희룡 후보님의 '국가찬스,' 허락해 주신다면 제가 쓰겠습니다.

정치 선배님들과 함께 할 수 있었다는 것 자체가 제게는 무한한 영광이었습니다. 치열한 경선 과정에서 혹여 마음을 상하게 했다면 너그러이 이해하고 용서해 주십시오. 이제 우리는 원팀입니다.

정권교체의 대의 앞에 분열할 자유도 없습니다. 국민의 뜨거운 열망에 부응하지 못한다면 우리 모두는 국민과 역사 앞에 씻을 수 없는 죄를 짓는 것입니다. 정권교체의 사명은 저 혼자 이룰 수는 없습니다. 우리 모두가 단결해야 합니다.

존경하는 국민 여러분! 사랑하는 당원동지 여러분! 우리 국민의힘이 다시 살아나고 있습니다. 당의 변화와 혁신을 바라는 민심은 헌정사상 처음으로 30대의 청년을 당대표로 세워주셨습니다. 우리 당은 청년들의 지지를 받는 정당으로 거듭났습니다. 우리 사회의 공정과 상식의 회복을 바라는 민심은 정치신인인 저를 국민의힘 대통령 후보로 선택하셨습니다. 그 여망을 모아 이제 국민 여러분께 자신 있게 말씀드립니다.

'여러분과 함께 반드시 정권교체를 이루겠습니다'

저를 정치로 부른 국민들의 뜻을 늘 가슴에 새기고 있습니다. 정치권 눈치 안보고, 공정한 기준으로 사회 구석구석 만연한 특권과 반칙을 바로 잡으라는 명령입니다. 대장동 게이트에서 보듯 거대한 부패 카르텔을 뿌리 뽑고 기성 정치권의 개혁을 하라는 것입니다. 내 편 네 편 가르지 않고 국민을 통합하라는 것입니다. 이것이 저 윤석열의 존재 가치이고, 제가 나아갈 길입니다.

저는 '사람에 충성하지 않고 국민에만 충성한다'는 신념으로 살아왔습니다.

공직자는 늘 국민을 대할 때 정직해야 한다는 그 원칙을 가지고 뚝심있게 걸어왔습니다. 저의 경선 승리를 이 정권은 매우 두려워하고, 뼈아파할 것입니다. 조국의 위선, 추미애의 오만을 무너뜨린 공정의 상징이기 때문입니다. 문재인 정권의 정당성을 무너뜨리는 치명적인 아픔이기 때문입니다. 이 정권은 집요할 정도로 저를 주저앉히고자 했습니다. 저 하나만 무너뜨리면 정권이 자동 연장된다고 생각하고 2년 전부터 탈탈 털었습니다. 앞으로도 계속될 것입니다. 미련을 버리지 않을 것입니다. 어떤 정치공작도 저 윤석열을 무너뜨릴 수 없습니다. 어떤 정치공작도 국민의 정권교체에 대한 열망을 무너뜨릴 수 없습니다. 윤석열은 이제 한 개인이 아니라 공정과 정의의 회복을 바라는 국민의 염원이 되었기 때문입니다. 국민께서 저를 지켜주실 것이기 때문입니다.

이번 대선은 늘 있는 대선이 아닙니다. 나라의 존망이 걸린 절체절명의 선거입니다. 정권교체를 이루지 못하면 법치유린이 계속되고 비상식이 상식이 되어 민주당의 일탈은 날개를 달게 될 것입니다. 자기들 부패가 드러나는 걸 막기 위해 나라의 법질서를 얼마나 더 왜곡 시키겠습니까! 문재인 정권의 소득주도성장과 부동산 폭등은 '재산 약탈' 입니다. 악성 포퓰리즘은 '세금 약탈' 입니다. 1천 조가 넘는 국가채무는 '미래 약탈' 입니다. 정권교체가 없다면 국민 약탈은 노골화되고, 상시화되고, 구조화될 것입니다.

국민을 약탈하는 이권 카르텔을 두고 나라 경제 살릴 수 있겠습니까? 국민 편가르기 하면서 이익 보는 세력을 두고 나라가 제대로 돌아가겠습니까. 공정과 상식이 무너진 신뢰 없는 사회에 도전과 혁신이 자랄 수 있겠습니까. 내년 3월 9일을 여러분이 알고 있던 자랑스러운 대한민국이 돌아오는 날로 만들겠습니다.

우리가 알고 있던 법치가 돌아오고
우리가 알고 있던 공정이 돌아오고,
우리가 알고 있던 상식이 돌아오는 날로 만들겠습니다.

존경하는 국민 여러분!

저와 우리 국민의힘은 공정과 상식을 회복하여 대한민국을 정상화하고, 멈추어버린 대한민국의 심장을 다시 뛰게 하겠습니다. 이를 위해 국민 여러분께 약속드립니다. 공정과 정의를 다시 세우겠습니다. 우리 사회가 공정과 상식에 입각해서 돌아가고 있다는 것에 대한 믿음, 그 신뢰라는 사회적 자본이 우리사회의 많은 문제를 해결하고 우리사회의 성장과 번영을 이루는 토대가 됩니다. 곳곳에 둥지를 튼 권력의 새로운 적폐, 부패의 카르텔을 혁파하겠습니다. 반칙으로 결과가 왜곡되는 사회는 도전과 노력을 죽게 만드는 사회가 됩니다. 기득권의 세습을 차단하여 끊어진 계층이동의 사다리를 다시 잇겠습니다. 국민통합의 나라를 만들겠습니다.

문정권은 이 나라를 이념으로, 국민 편가르기로 분열시켰습니다. 진보의 대한민국, 보수의 대한민국이 따로 있을 수 없습니다. 저는 낡은 이념의 옷을 벗어 던지고 자유민주주의에 동의하는 모든 국민과 함께하겠습니다. 지역, 계층, 성별, 세대의 차이를 뛰어넘어 화합할 때 안정적 국가 발전을 기약할 수 있습니다.

대한민국 성장엔진을 다시 가동하겠습니다. 시장은 만능이 아닙니다. 그렇다고 과거의 국가주도 경제로 돌아갈 수는 없습니다. 일자리를 만드는 것은 기업의 창의와 혁신입니다. 저는 불필요한 규제를 혁파하고 AI 등 4차 산업혁명을 이끄는 기업에 지원을 집중하여, 떨어진 잠재성장률을 다시 끌어올리겠습니다.

성장과 분배는 한 몸입니다. 성장을 해야 양질의 일자리가 생기고, 복지에 쓸 곳간도 채워지는 것입니다. 복지는 국가의 책임입니다. 아무리 공정한 경쟁을 보장한다고 해도 모두가 경쟁의 승리자가 될 수는 없습니다. 우리는 공정과 상식의 이름으로 진짜 약자를 도와야 합니다. 사회적 취약계층에 대한 복지를 강화하겠습니다. 자영업자와 소상공인 지원을 강화하고, 사라진 중산층을 복원하겠습니다.

문화강국을 만들겠습니다. 드라마에서 시작된 한류는 K팝, 영화, 한식, 한글 등 다양한 형태로 전세계에 확산되고 있습니다. 한류는 문화산업을 넘어 무엇보다 우리 국민의 예술성과 창의성을 전세계에 알리는 강력한 소프트파워입니다. 정부는 지원하되 간섭하지 않음으로써 세계 속의 문화강국으로 발돋움하도록 하겠습니다.

창의성 교육을 강화하겠습니다. 창의성은 미래의 경쟁력입니다. 우리의 소중한 아이들은 창의성을 갖고 자라야 합니다. 교육혁신으로 4차 산업혁명 시대를 철저히 대비하겠습니다.

국민이 안심할 수 있는 든든한 안보 체제를 구축하겠습니다. 저는 국제사회와의 철저한 공조를 통해 비핵화를 더 효율적으로 추진하겠습니다. 우리와 민주주의 가치를 공유하는 나라들과의 협력을 강화하고, 국익우선의 실용외교를 펼치겠습니다.

존경하고 사랑하는 국민 여러분!

저 윤석열, 경청하고 소통하는 대통령이 되겠습니다. 정치의 본질은 다양한 이해, 가치와 신념의 차이가 빚어낸 갈등을 해결하는 것입니다. 전체주의 국가에서는 지도자의 '독단'으로 문제를 정리하나 민주주의에서는 오직 대화와 타협만이 해결책입니다. 국민의 말씀을 경청하는 대통령이 되겠습니다.

책임지는 대통령이 되겠습니다. 이념에 사로잡혀 전문가를 무시하는 지도자는 더 이상 필요 없습니다. 진영과 정파를 가리지 않고 실력 있는 전문가를 발탁해 권한을 과감하게 위임하되, 그 결과에 대해서는 분명히 책임지는 대통령이 되겠습니다. 윤석열의 사전엔 내로남불은 없을 것입니다. 진정성 있는 대통령이 되겠습니다. 손해를 보더라도 원칙과 소신, 상식과 진정성으로 다가가겠습니다. 국민의 마음을 읽지 못하면 저에 대한 지지와 성원이 언제든지 비판과 분노로 바뀔 수 있다는 겸손한 자세로 임하겠습니다.

권한을 남용하지 않는 대통령이 되겠습니다. 대통령의 지시 하나로 국가정책이 법을 일탈하여 바뀌는 것을 보았습니다. 법 위에 군림하는 대통령의 시대를 끝내고 국민이 진짜 주인이 되는 첫걸음을 내딛겠습니다.

존경하는 국민 여러분!

코로나로 인해 얼마나 고생이 많으십니까. 정부의 잘못된 판단과 무능이 국민의 삶에 얼마나 고통을 주고 있는지 절감하고 있습니다. 국민을 코로나 위기에서 보호하고 지켜내겠습니다. 코로나 펜데믹으로 무너진 서민, 취약계층의 삶을 코로나 이전으로 회복시키겠습니다. 이 정권의 편가르기로 인한 국민의 아픔도 그에 못지않았습니다. 이 정권 4년 반 동안 얼마나 힘드시고 고통을 많이 받으셨습니까. 이번 대선은 상식의 윤석열과 비상식의 이재명과의 싸움입니다. 합리주의자와 포퓰리스트의 싸움입니다. 또 다시 편가르기와 포퓰리즘으로 대표되는 사람을 후보로 내세워 원칙 없는 승리를 추구하고자 하는 이 무도함을 심판해주십시오.

'기득권의 나라'에서 '기회의 나라'로, '약탈의 대한민국'에서 '공정의 대한민국'으로 바꾸겠습니다. 반드시 정권교체해 내겠습니다. 분열과 분노의 정치, 부패와 약탈의 정치를 끝내겠습니다. 새로운 대한민국을 반드시 만들겠습니다. 감사합니다.

"자유, 인권, 공정, 연대의 가치를 기반으로
국민이 진정한 주인인 나라"

2022년 05월 10일 취임사

존경하고 사랑하는 국민 여러분, 750만 재외동포 여러분, 그리고 자유를 사랑하는 세계 시민 여러분,

저는 이 나라를 자유민주주의와 시장경제 체제를 기반으로 국민이 진정한 주인인 나라로 재건하고, 국제사회에서 책임과 역할을 다하는 나라로 만들어야 하는 시대적 소명을 갖고 오늘 이 자리에 섰습니다.

역사적인 자리에 함께해 주신 국민 여러분께 감사드립니다. 문재인, 박근혜 전 대통령, 그리고 할리마 야콥 싱가포르 대통령, 포스탱 아르샹쥬 투아데라 중앙아프리카공화국 대통령, 왕치산 중국 국가부주석, 메가와티 수카르노푸트리 인도네시아 전 대통령, 더글러스 엠호프

해리스 미국 부통령 부군, 조지 퓨리 캐나다 상원의장, 하야시 요시마사 일본 외무상을 비롯한 세계 각국의 경축 사절과 내외 귀빈 여러분께도 깊이 감사드립니다.

이 자리를 빌려 지난 2년간 코로나 팬데믹을 극복하는 과정에서 큰 고통을 감내해주신 국민 여러분께 경의를 표합니다. 그리고 헌신해주신 의료진 여러분께도 깊이 감사드립니다.

존경하는 국민 여러분, 세계 시민 여러분, 지금 전세계는 팬데믹 위기, 교역 질서의 변화와 공급망의 재편, 기후변화, 식량과 에너지 위기, 분쟁의 평화적 해결의 후퇴 등 어느 한 나라가 독자적으로, 또는 몇몇 나라만 참여해서 해결하기 어려운 난제들에 직면해 있습니다.

다양한 위기가 복합적으로 인류 사회에 어두운 그림자를 드리우고 있는 것입니다. 또한 우리나라를 비롯한 많은 나라들이 국내적으로 초저성장과 대규모 실업, 양극화의 심화와 다양한 사회적 갈등으로 인해 공동체의 결속력이 흔들리고 와해되고 있습니다.

한편, 이러한 문제들을 해결해야 하는 정치는 이른바 민주주의의 위기로 인해 제 기능을 하지 못하고 있습니다.

가장 큰 원인으로 지목되는 것이 바로 반지성주의입니다. 견해가 다른 사람들이 서로의 입장을 조정하고 타협하기 위해서는 과학과 진실이 전제되어야 합니다.

그것이 민주주의를 지탱하는 합리주의와 지성주의입니다.

국가 간, 국가 내부의 지나친 집단적 갈등에 의해 진실이 왜곡되고, 각자가 보고 듣고 싶은 사실만을 선택하거나 다수의 힘으로 상대의 의견을 억압하는 반지성주의가 민주주의를 위기에 빠뜨리고 민주주의에 대한 믿음을 해치고 있습니다. 이러한 상황이 우리가 처해있는 문제의 해결을 더 어렵게 만들고 있습니다.

그러나 우리는 할 수 있습니다. 역사를 돌이켜 보면 우리 국민은 많은 위기에 처했지만 그럴 때마다 국민 모두 힘을 합쳐 지혜롭게, 또 용기있게 극복해 왔습니다.

저는 이 순간 이러한 위기를 극복하는 책임을 부여받게 된 것을 감사한 마음으로 받아들이고, 우리 위대한 국민과 함께 당당하게 헤쳐 나갈 수 있다고 확신합니다.

또 세계 시민과 힘을 합쳐 국내외적인 위기와 난제들을 해결해 나갈 수 있다고 믿습니다.

존경하는 국민 여러분, 세계 시민 여러분,

저는 이 어려움을 해결해 나가기 위해 우리가 보편적 가치를 공유하는 것이 매우 중요하다고 생각합니다. 그것은 바로 '자유'입니다. 우리는 자유의 가치를 제대로, 그리고 정확하게 인식해야 합니다. 자유의 가치를 재발견해야 합니다.

인류 역사를 돌이켜보면 자유로운 정치적 권리, 자유로운 시장이 숨 쉬고 있던 곳은 언제나 번영과 풍요가 꽃피었습니다.

번영과 풍요, 경제적 성장은 바로 자유의 확대입니다.

자유는 보편적 가치입니다. 우리 사회 모든 구성원이 자유시민이 되어야 하는 것입니다.

어떤 개인의 자유가 침해되는 것이 방치된다면 나와 우리 공동체 구성원 모두의 자유마저 위협받게 되는 것입니다.

자유는 결코 승자독식이 아닙니다. 자유시민이 되기 위해서는 일정한 수준의 경제적 기초, 그리고 공정한 교육과 문화의 접근 기회가 보장되어야 합니다.

이런 것 없이 자유시민이라고 할 수 없습니다. 어떤 사람의 자유가 유린되거나 자유시민이 되는데 필요한 조건을 충족하지 못한다면 모든 자유시민은 연대해서 도와야 합니다.

그리고 개별 국가뿐 아니라 국제적으로도 기아와 빈곤, 공권력과 군사력에 의한 불법 행위로 개인의 자유가 침해되고 자유시민으로서의 존엄한 삶이 유지되지 않는다면 모든 세계 시민이 자유시민으로서 연대하여 도와야 하는 것입니다.

모두가 자유시민이 되기 위해서는 공정한 규칙을 지켜야 하고, 연대와 박애의 정신을 가져야 합니다.

존경하는 국민 여러분, 국내 문제로 눈을 돌려 제가 중요하게 생각하는 방향에 대해 한 말씀 올리겠습니다.

우리나라는 지나친 양극화와 사회 갈등이 자유와 민주주의를 위협할 뿐 아니라 사회 발전의 발목을 잡고 있습니다.

저는 이 문제를 도약과 빠른 성장을 이룩하지 않고는 해결하기 어렵다고 생각합니다. 빠른 성장 과정에서 많은 국민들이 새로운 기회를 찾을 수 있고, 사회 이동성을 제고함으로써 양극화와 갈등의 근원을 제거할 수 있습니다.

도약과 빠른 성장은 오로지 과학과 기술, 그리고 혁신에 의해서만 이뤄낼 수 있는 것입니다. 과학과 기술, 그리고 혁신은 우리의 자유민주주의를 지키고 우리의 자유를 확대하며 우리의 존엄한 삶을 지속 가능하게 할 것입니다.

과학과 기술, 그리고 혁신은 우리나라 혼자만의 노력으로는 달성하기 어렵습니다. 자유와 창의를 존중함으로써 과학기술의 진보와 혁신을 이뤄낸 많은 나라들과 협력하고 연대해야만 합니다.

존경하는 국민 여러분, 세계 시민 여러분,

자유민주주의는 평화를 만들어내고, 평화는 자유를 지켜줍니다. 그리고 평화는 자유와 인권의 가치를 존중하는 국제사회와의 연대에 의해 보장됩니다. 일시적으로 전쟁을 회피하는 취약한 평화가 아니라 자유와 번영을 꽃피우는 지속 가능한 평화를 추구해야 합니다.

지금 전세계 어떤 곳도 자유와 평화에 대한 위협에서 자유롭지 못합니다. 지금 한반도와 동북아의 평화도 마찬가지입니다. 저는 한반도뿐 아니라 아시아와 세계의 평화를 위협하는 북한의 핵 개발에 대해서도 그 평화적 해결을 위해 대화의 문을 열어놓겠습니다.

그리고 북한이 핵 개발을 중단하고 실질적인 비핵화로 전환한다면 국제사회와 협력하여 북한 경제와 북한 주민의 삶을 획기적으로 개선할 수 있는 담대한 계획을 준비하겠습니다.

북한의 비핵화는 한반도에 지속 가능한 평화를 가져올 뿐 아니라 아시아와 전세계의 평화와 번영에도 크게 기여할 것입니다.

사랑하고 존경하는 국민 여러분, 지금 우리는 세계 10위권의 경제 대국 그룹에 들어가 있습니다. 그러므로 우리는 자유와 인권의 가치에 기반한 보편적 국제 규범을 적극 지지하고 수호하는데 글로벌 리더 국가로서의 자세를 가져야 합니다.

우리나라뿐 아니라 세계 시민 모두의 자유와 인권을 지키고 확대하는 데 더욱 주도적인 역할을 해야 합니다. 지금 국제사회도 대한민국에 더욱더 큰 역할을 기대하고 있음이 분명합니다.

지금 우리나라는 국내 문제와 국제 문제를 분리할 수 없습니다. 국제사회가 우리에게 기대하는 역할을 주도적으로 수행할 때 국내 문제도 올바른 해결 방향을 찾을 수 있는 것입니다.

저는 자유, 인권, 공정, 연대의 가치를 기반으로 국민이 진정한 주인인 나라, 국제사회에서 책임을 다하고 존경받는 나라를 위대한 국민 여러분과 함께 반드시 만들어 나가겠습니다. 감사합니다.

자유와 연대_전환기 해법의 모색

(Freedom and Solidarity_Answers to the Watershed Moment)

2022년 09월 21일 제77차 유엔 총회 기조연설

의장님, 사무총장님, 각국 대표 여러분, 처버 커러쉬 총회 의장님의 취임을 축하합니다.

의장님의 리더십 하에 이번 제77차 유엔총회가 더 나은 세계를 향해 회원국들의 지혜를 모으는 계기가 되길 바랍니다. 특히 올해 두 번째 임기를 시작한 안토니우 구테레쉬 사무총장님의 헌신과 노력에 경의를 표합니다.

유엔 헌장은 더 많은 자유 속에서 사회적 진보와 생활 수준의 향상을 촉진할 것을 천명하고 있습니다. 또한 국제평화와 안전을 유지하기 위한 인류의 연대를 촉구하고 있습니다. 한 국가 내에서 어느 개인의 자유가 위협받을 때 공동체 구성원들이 연대해서 그 위협을 제거하고 자유를 지켜야 하듯이 국제사회에서도 어느 세계 시민이나 국가의 자유가 위협받을 때 국제사회가 연대하여 그 자유를 지켜야 합니다.

우리들의 현대사는 이렇게 연대하고 힘을 합쳐 자유를 지키고 문명적 진보를 이룩해온 과정을 보여주고 있습니다. 오늘날 국제사회는 힘에 의한 현상 변경과 핵무기를 비롯한 대량살상무기, 인권의 집단적 유린으로 또다시 세계시민의 자유와 평화가 위협받고 있습니다. 이러한 자유와 평화에 대한 위협은 유엔과 국제사회가 그동안 축적해온 보편적 국제 규범 체계를 강력히 지지하고 연대함으로써 극복해 나가야 합니다.

이번 유엔총회의 주제인 '분수령의 시점'은 우리가 직면한 글로벌 위기의 심각성을 대변함과 동시에 유엔의 역할이 그 어느 때보다 막중하다는 것을 의미합니다. 우리가 직면한 위기를 극복하고 해결책을 모색하는 출발점은 우리가 그동안 보편적으로 받아들이고 축적해온 국제 규범 체계와 유엔 시스템을 존중하고 연대하는 것입니다.

의장님, 사무총장님, 각국 대표 여러분, 인류가 진정한 자유와 평화에 다가가기 위해서도 유엔의 역할이 매우 중요합니다. 진정한 자유는 속박에서 벗어나는 것만이 아니라 자아를 인간답게 실현할 수 있는 기회를 갖는 것이고 진정한 평화는 단지 전쟁이 없는 상태가 아니라 인류 공동 번영의 발목을 잡는 갈등과 반목을 해소하고 인류가 더 번영할 수 있는 토대를 갖추는 것입니다.

진정한 자유와 평화는 질병과 기아로부터의 자유, 문맹으로부터의 자유, 에너지와 문화의 결핍으로부터의 자유를 통해 실현될 수 있습니다. 유엔은 이러한 문제의 해결을 위해 유엔경제사회이사회, 유네스코 등을 통해 많은 노력을 해왔습니다만 이제는 더 폭넓은 역할과 책임을 요구받고 있습니다.

팬데믹 문제의 해결을 위해서는 유엔을 중심으로 한 국제사회의 협력으로 재정 여건과 기술력이 미흡한 나라에 지원이 더욱 과감하게 이뤄져야 합니다. 탈탄소라는 지구적 과제를 추진함에 있어, 녹색기술의 선도국가는 신재생 에너지 기술 등을 더 많은 국가들과 공유하도록 노력하고, 지원을 아끼지 않아야 합니다. 특히, 디지털 심화 시대에 디지털 격차는 국가 간의 양극화를 가중시키기 때문에 유엔을 중심으로 한 국제사회의 협력이 매우 중요한 과제가 되었습니다. 디지털 기술 선도국가는 개도국의 디지털 교육과 기술 전수, 투자에 더욱 많은 지원을 해야 하고 유엔은 이를 이끄는 노력을 배가하여야 합니다.

의장님, 사무총장님, 각국 대표 여러분, 대한민국은 최근 긴축 재정에도 불구하고 지출 구조조정을 통해 마련한 재원으로 사회적 약자에 대한 지원과 ODA 예산을 늘렸습니다. 사회적 약자에 대한 지원 확대가 지속 가능한 번영의 기반이 되는 것과 마찬가지로 국제사회에서 어려운 나라에 대한 지원은 세계의 자유와 평화를 지속가능하게 만들 것입니다.

대한민국은 국제사회의 책임 있는 일원으로서 세계 시민의 자유와 국제사회의 번영을 위해 책임과 역할을 다할 것입니다. 대한민국은 코로나 치료제와 백신의 연구개발에 박차를 가하는 동시에, ACT-A이니셔티브에 3억 달러, 세계은행의 금융중개기금에 3천만 달러를 공약하는 등 글로벌 보건 체계 강화를 위한 기여를 더욱 확대하고 있습니다.

세계보건기구의 팬데믹 협약 체결을 위한 협상에도 참여 중이며, 오는 11월 미래 감염병 대응을 위한 글로벌 보건안보 구상(GHSA) 각료회의를 서울에서 개최할 것입니다. 아울러 대한민국은 글로벌 감염병 대응이라는 인류 공동과제 해결에 적극 동참하기 위해 글로벌펀드에 대한 기여를 획기적으로 확대하기로 하였습니다. 기후변화 문제에 관해서도 대한민국은 Green ODA를 확대하고 개발도상국의 저탄소 에너지 전환을 도울 것이며 혁신적 녹색기술을 모든 인류와 공유하기 위해 노력할 것입니다.

대한민국은 이미 오래전부터 전자정부 디지털 기술을 개도국을 비롯한 많은 나라에 이전하고 공유해 왔습니다. 대한민국은 지금 디지털 플랫폼 정부를 추진하고 있습니다.

디지털 기술로 민주주의와 행정 서비스, 그리고 복지 서비스를 획기적으로 업그레이드시키는 원대한 시도입니다. 앞으로도 이러한 디지털 기술과 데이터를 더 많이 공유하고 지원과 교육 투자에 노력을 아끼지 않겠습니다.

의장님, 사무총장님, 각국 대표 여러분, 우리가 직면하고 있는 글로벌 위기에 대한 해결책으로 유엔 시스템과 보편적인 국제 규범 체계가 과연 유용한 것인지에 관하여 지금 현재 시험대에 올라 있다고 할 수 있습니다. 그러나 우리가 현재 직면하고 있는 이 위기는 자유라는 보편적 가치를 공유하고 자유를 지키고 확장하기 위해 함께 노력해야 한다는 확고한 연대의 정신으로 해결할 수 있습니다. 그러므로 자유와 연대의 정신에 입각한 유엔의 시스템과 그동안 보편적으로 국제사회에서 인정받아온 규범 체계가 더욱 강력하게 지지되어야 합니다.

유엔 시스템과 보편적 규범 체계에 등을 돌리고 이탈하게 된다면 국제사회는 블록화되고 그 위기와 혼란은 더욱 가중될 것입니다. 우리가 직면하고 있는 문제의 본질과 원인에 대해서 더욱 치열하게 고민하고, 국제사회가 그 해결을 위해 역할을 분담하고 힘을 합치는 노력들이 더욱 강력하게 실행되어야 합니다. 이러한 전환기적 위기의 해결책으로서, 세계 시민과 국제사회의 리더 여러분들께 유엔 시스템과 보편적 국제 규범 체계에 대한 확신에 찬 지지를 다시 한번 호소합니다.

의장님, 사무총장님, 각국 대표 여러분, 돌이켜 보면 UN이 창립된 직후 세계 평화를 위한 첫 번째 의미 있는 미션은 대한민국을 한반도의 유일한 합법 정부로 승인하고 UN군을 파견하여 대한민국의 자유를 수호한 것이었습니다. 이러한 UN의 노력 덕분에 대한민국은 이렇게 성장할 수 있었습니다. 그러므로 대한민국은 세계 시민의 자유 수호와 확대, 그리고 평화와 번영을 위해 UN과 함께 책임을 다하겠습니다.

감사합니다.

"경제가 어려울수록 더 큰 어려움을 겪는 사회적 약자를
보호하는 것은 국가의 기본적 책무입니다"

2022년 10월 25일 예산안 시정연설

존경하는 국민 여러분, 김진표 국회의장님과 의원 여러분. 저는 오늘 새 정부의 첫 번째 예산안을 국민과 국회에 직접 설명 드리고 국회의 협조를 부탁드리고자 5개월여 만에 다시 이 자리에 섰습니다.

우리를 둘러싼 대내외 여건이 매우 어렵습니다. 전세계적인 고물가, 고금리, 강달러의 추세 속에서 금융시장의 변동성은 커지고 경제의 불확실성은 높아졌습니다. 취약계층과 사회적 약자들이 입는 고통은 점점 커지고 있습니다.

재정건전성을 유지하면서 금융 안정성과 실물 경제 성장을 도모하는 나라와 그렇지 못한 나라 간의 국제신인도 격차가 확대되고 있습니다. 산업과 자원의 무기화, 그리고 공급망의 블록화라는 세계적인 흐름 속에서 가치를 공유하는 국가들과의 협력이 무엇보다 중요해졌습니다.

안보 현실 또한 매우 엄중합니다. 북한은 최근 유례없는 빈도로 탄도미사일 발사를 비롯한 위협적인 도발을 계속하고 있습니다. 이는 유엔 안보리 결의에 대한 중대한 위반이자 국제사회에 대한 정면 도전입니다.

나아가 핵 선제 사용을 공개적으로 표명할 뿐 아니라 7차 핵실험 준비도 이미 마무리한 것으로 판단됩니다. 우리 국민이 안심하고 일상을 영위할 수 있도록 한미 연합방위태세와 한미일 안보협력을 통해 압도적인 역량으로 대북 억제력을 강화할 것입니다.

북한이 비핵화의 결단을 내려 대화의 장으로 나온다면 이미 취임사와 8·15 경축사에서 밝혔듯 우리 정부는 '담대한 구상'을 통한 정치·경제적 지원을 다 할 것입니다.

경제와 안보의 엄중한 상황을 극복해 나가기 위해서는 여야가 따로 있을 수 없습니다. 국회의 협력이 절실합니다.

국민 여러분, 그리고 의원 여러분 저는 지난 7월부터 최근까지 10차례에 걸쳐 진행된 비상경제민생회의를 통해 직접 민생 현안을 챙겼습니다. 물가 상승의 충격이 취약계층과 사회적 약자에게 전가되지 않도록 공공임대주택의 임대료 동결을 연장한 것을 비롯해서 연료비, 식료품비, 생필품비도 촘촘하게 지원하는 한편, 장바구니 물가를 챙겼습니다.

폭우와 재난으로 인한 피해복구와 지원에도 매진하여 서민들의 일상 회복에 최선을 다했습니다. 우리 경제의 버팀목인 수출 경쟁력을 강화하기 위해 역대 최대 규모인 351조 원의 무역금융을 공급하는 한편, 6조 원 규모의 안심 고정금리 특별대출과 50조 원을 상회하는 채권시장 등의 안정화 조치를 취해 중소기업을 살리기 위한 유동성 공급도 시행하였습니다.

나아가 우리 경제의 미래 먹거리를 찾기 위한 산업의 고도화, 미래전략산업의 육성에도 박차를 가하고 있습니다. 이번에 정부가 제출한 예산안에는 우리 정부가 글로벌 복합위기에 어떻게 대응할 것이며 어떻게 민생현안을 해결해 나갈 것인지그 총체적인 고민과 방안을 담았습니다.

지금 우리 재정 상황이 녹록지 않습니다. 그동안 정치적 목적이 앞선 방만한 재정 운용으로 재정수지 적자가 빠르게 확대되었고, 나라빚은 GDP의 절반 수준인 1천조 원을 이미 넘어섰습니다.

세계적인 고금리와 금융 불안정 상황에서 국가 재정의 건전한 관리와 국제신인도 확보가 무엇보다 중요합니다. 뿐만 아니라 경제 성장과 약자 복지의 지속 가능한 선순환을 위해서 국가재정이 건전하게 버텨주는 것이 매우 중요합니다.

정부는 지난 7월의 국가재정전략회의를 통해 건전재정 기조로 내년 예산을 편성하기로 확정한 바 있습니다. 내년도 총지출 규모는 639조 원으로 2010년 이후 처음으로 전년 대비 예산을 축소 편성한 것입니다.

정부는 역대 최대 규모인 24조 원의 지출 구조조정을 단행한 결과 재정수지는 큰 폭으로 개선되고, 국가채무 비율도 49.8퍼센트로 지난 3년간의 가파른 증가세가 반전되어 건전재정의 전환점이 될 것입니다.

공공부문부터 솔선하여 허리띠를 바짝 졸라맸고, 이렇게 절감한 재원은 서민과 사회적 약자 보호, 민간 주도의 역동적 경제 지원, 국민 안전과 글로벌 리더 국가로서의 책임 강화에 투입하고자 합니다.

사랑하는 국민 여러분, 그리고 존경하는 의원 여러분, 그리고 이 자리에 함께해주신 대법원장님, 헌법재판소장님, 선거관리위원장님, 그리고 감사원장님. 경제가 어려울수록 더 큰 어려움을 겪는 사회적 약자를 보호하는 것은 국가의 기본적 책무입니다.

우리 정부는 재정 건전화를 추진하면서도 서민과 사회적 약자들을 더욱 두텁게 지원하는 '약자 복지'를 추구하고 있습니다. 기준 중위소득을 역대 최대폭으로 조정하여 4인 가구 기준 생계급여 최대 지급액을 인상함으로써 기초생활보장 지원에 18조 7천억 원을 반영했습니다.

저임금 근로자, 특수형태 근로종사자, 그리고 예술인의 사회보험 지원 대상을 확대하여 27만 8천 명을 추가 지원할 것입니다. 근로환경이 열악한 50인 미만의 소규모 사업장 7천 곳에 휴게시설 설치 등 근로환경 개선을 획기적으로 실행할 것입니다.

아울러, 장애인과 한부모 가족에 대한 맞춤형 지원도 강화할 것입니다. 장애 수당을 8년 만에 처음으로 인상하고, 발달장애인에 대한 돌봄 시간을 하루 8시간까지 확대함과 아울러 장애인 고용 장려금도 인상할 것입니다.

또한, 중증장애인의 콜택시 이용 지원을 확대하고 저상버스도 2천 대 추가 확충하는 등 장애인의 이동권을 최대한 보장할 것입니다. 한 부모 자녀 양육 지원 대상을 현재의 중위소득 52퍼센트에서 60퍼센트 까지 대폭 확대하겠습니다.

올해 폭우 피해에서 드러났듯이 반지하·쪽방 거주자들의 피해가 많았습니다. 이분들께서 보다 안전한 주거환경으로 이주할 수 있도록 보증금 무이자 대출을 신설하고, 민간임대주택으로 이주할 경우 최대 5천만 원까지 지원할 것입니다. 또한, 전세 사기의 피해자에 대한 신속 한 보호를 위해 최대 1억 6천만 원 한도의 긴급대출 지원도 신설하였 습니다.

우리 청년들에게는 '청년 원가 주택'과 '역세권 첫 집' 5만 4천 호를 신규 공급하고, 청년들의 중장기 자산 형성을 지원하기 위해 청년도약 계좌를 새로 도입하는 한편, '청년 내일 저축계좌' 지원 대상 인원을 확대하겠습니다. 어르신들께는 기초연금을 인상하고, 양질의 민간·사회 서비스형 일자리를 확대해서 안정적인 노후생활을 지원하겠습니다.

생활물가 상승으로 인한 서민들의 필수 생계비와 장바구니 부담 을 덜어 드리기 위한 예산도 적극 반영하였습니다. 우선, 에너지 바우 처 지원을 확대하고, 농·축·수산물 할인 쿠폰 규모를 금년도의 590 억 원에서 1천690억 원으로 약 3배 확대했습니다. 밀, 수산물 등 주요 농·축·수산물의 비축을 확대해서 수급 불안에 선제적으로 대응하는 한편, 중·소농의 공익직불금 지급 확대, 비료, 사료 등의 구매자금 지원을 통해 농가 생산비 부담도 경감하겠습니다.

아울러, 지방소멸 대응 특별 양여금을 1조 원으로 확대하고, 국가 균형발전특별회계 투자 규모를 지역 수요가 높은 현장 밀착형 자율 사업을 중심으로 대폭 확대하여 지역 주도로 성장동력을 찾을 수 있도록 돕겠습니다.

첨단전략산업과 과학기술을 육성하고 중소·벤처기업을 지원함으로써 새로운 성장기반을 구축하겠습니다. 먼저, 메모리 반도체의 초격차 유지와 시스템 반도체의 경쟁력 확보를 위해 전문 인력양성과 연구개발, 인프라 구축 등에 총 1조 원 이상을 집중 투자하겠습니다.

또 무너진 원자력 생태계 복원이 시급합니다. 원전 수출을 적극 지원하고, 소형모듈원자로(SMR)와 원전 해체기술 개발 등 차세대 기술의 연구개발을 지원하겠습니다.

양자 컴퓨팅, 우주항공, 인공지능, 첨단바이오 등 핵심 전략기술과 미래 기술시장 선점을 위해 총 4조 9천억 원의 R&D 투자를 지원하겠습니다. 민간투자 주도형 창업지원을 통해 벤처기업과 스타트업에 대한 지원을 확대하고, 중소기업의 스마트화 지원과 연구개발 등 혁신 사업에도 3조 6천억 원을 투입하겠습니다.

소상공인들이 코로나 여파에서 완전히 벗어나 다시 뛸 수 있도록 채무조정과 재기 지원 등에 재정을 추가 투입할 것입니다. 청년 농업인에 대한 영농정착지원금, 맞춤형 농지와 금융지원 등을 패키지로 제공해서 농업혁신을 주도할 수 있도록 돕겠습니다.

국민편의와 미래 산업기반인 교통혁신을 이뤄내도록 하겠습니다. 수도권 GTX는 기존 노선의 적기 완공과 신규 노선 계획에 총 6천730억 원을 투자하고, 도심항공교통(UAM), 개인형 이동수단(PM) 등 미래 교통수단의 조기 상용화를 위해 실증 실험시설, 환승센터 구축, 이런 것을 비롯한 기술 혁신기반을 조성하겠습니다.

홍수·가뭄 등 자연재해에 대비하기 위해 대심도 빗물 저류 터널 3개소 설치를 지원하고 스마트 예보 시스템 구축 등 재해예방 체계도 강화하겠습니다. 보행자 교통안전을 위한 횡단보도 조명 등 시설 개선, 어린이 보호구역 무인 단속 장비 확대 등을 통해 생활 속 안전도 꼼꼼하게 챙겨 가겠습니다.

튼튼한 국방력과 일류 보훈, 장병 사기진작을 통해 누구도 넘볼 수 없는 강력한 국가를 만들겠습니다. 안보 위협에 대응하여 현무 미사일, F-35A, 패트리어트의 성능 개량, 장사정포 등에 대한 요격체계 등 한국형 3축 체계 고도화에 5조 3천억 원을 투입하고, 로봇, 드론 등 유·무인 복합 무기체계 전환을 위한 투자, 그리고 군 정찰위성 개발, 사이버전 등 미래전장 대비 전력 확충 등을 위한 투자도 확대하겠습니다.

국가를 위한 헌신에 존중과 예우를 하는 것은 강한 국방력의 근간입니다. 국민과 장병의 눈높이에 맞도록 병영환경을 개선하고, 사병 봉급을 2025년 205만 원을 목표로 현재 82만 원을 내년에 130만 원까지 인상해서 병역의무 이행에 대해 합리적 보상이 매년 단계적으로 이루어지도록 하겠습니다. 아울러, 보훈 급여를 2008년도 이후 최대폭으로 인상하고, 참전 명예 수당도 임기 내 역대 정부 최대 폭으로 인상할 것입니다.

격화되는 경제 블록화 물결에 대비하여 경제 안보 역량을 강화해야 합니다. 공급망 위기에 대응하기 위해 해외 자원개발 투자를 확대하고, 니켈, 알루미늄 등 광물 비축, 그리고 수입선 다변화 추진을 위해 총 3조 2천억 원을 투자할 것입니다.

UN 연설에서도 밝혔듯이 국제사회에 책임 있게 기여하지 않고서는 우리의 국익도 제대로 지켜내기 어려운 것이 엄연한 현실입니다. 정부는 글로벌 리더 국가로서의 책임과 역할을 다하기 위해 공적개발원조(ODA)를 4조 5천억 원으로 대폭 확대하였습니다. 이를 통해 해외 긴급 구호 지원과 저개발국과 개도국을 대상으로 원조를 확대할 것이며, 글로벌 보건 안보와 백신 개발 지원에 주도적 역할을 수행해 나가겠습니다.

존경하는 국민 여러분, 김진표 국회의장님과 의원 여러분, 대법원장님, 헌법재판소장님, 선거관리위원장님, 그리고 감사원장님. 예산안은 우리 대한민국이 나아가야 할 방향을 담은 지도이고 국정 운영의 설계도입니다. 정부가 치열한 고민 끝에 내놓은 예산안은 국회와 함께 머리를 맞댈 때 완성할 수 있을 것입니다.

지난 5월 코로나 피해 자영업자, 소상공인 지원 추경도 국회의 초당적 협력으로 무사히 확정 지을 수 있었습니다. 우리 경제를 둘러싼 불확실성이 지속되고 있는 시기에 국회에서 법정기한 내 예산안을 확정하여 어려운 민생에 숨통을 틔워주고, 미래 성장을 뒷받침해 주시길 기대합니다. 감사합니다.

"성장 막는 폐단 바로잡을 것"
2023년 01월 02일 신년 인사회 모두발언

　2023년 희망찬 새해를 맞았습니다. 존경하는 김진표 국회의장님을 비롯한 5부요인 그리고 종교계와 정당 지도자 분들 또 국회의원 여러분 정부 인사들께서 이 자리를 함께 해주셨습니다.

　지난해 나라 안팎으로 녹록지 않은 여건 속에서도 희망을 잃지 않고 위기 극복을 위해 애써주신 국민 여러분과 이 자리에 함께하고 계신 여러분의 헌신과 노고에 진심으로 감사드립니다.

　2023년 새해 여러 위기와 도전이 있겠지만 지금의 대한민국을 만들고 또 지금의 번영을 이끈 자유와 연대, 인권과 법치의 기반을 더욱 확고히 세워나갈 것입니다.

　WTO 체계의 약화, 기술 패권 경쟁의 심화 그리고 지정학적 갈등으로 세계적으로 블록화가 심화되고 그래서 정부의 역할이 또 어느 때보다 중요한 상황이 됐습니다.

민간주도 시장중심의 기조를 유지하면서도 외교, 통상, 과학기술 분야에 대한 정부의 뒷받침이 촘촘하게 이뤄지도록 잘 챙기겠습니다.

특히 보편적 가치에 기반한 국제사회와의 연대는 우리 헌법 가치일 뿐 아니라 우리나라의 국익을 지키는 것이고 우리에게 경제적으로 더 많은 기회를 줄 것입니다.

당면한 민생현안을 최우선으로 챙기면서 우리 경제의 성장과 발전을 가로막는 폐단을 신속하게 바로잡고 우리 모두 정상화에 속도를 내야겠습니다.

그리고 흔들림없이 법과 원칙을 지켜나가야 합니다. 노동, 교육, 연금 3대 개혁은 어렵고 힘들지만 우리가 반드시 나아가야 하는 길이고 국민께서 우리에게 이를 명령하셨습니다.

기득권의 저항에 쉽게 무너진다면 우리의 지속가능한 번영도 어렵게 됩니다. 위기는 도전 의지와 혁신 역량을 통해 번영과 도약을 이끄는 기회가 되었음을 우리는 세계사에서 많이 목격했습니다.

여기 계신 모든 분께서 힘을 모아주시고 도와주시기를 부탁드립니다. 새해 복 많이 받으십시오. 고맙습니다. 건강하십시오.

"영광의 역사든, 부끄럽고 슬픈 역사든 역사는
잊지 말아야 합니다. 반드시 기억해야 합니다."

2023년 03월 01일 삼일절 기념사

존경하는 국민 여러분, 750만 재외동포와 독립유공자 여러분. 오늘
백네 번째 3·1절을 맞이했습니다.

먼저, 조국의 자유와 독립을 위해 희생하고 헌신하신 순국선열과
애국지사들께 경의를 표합니다. 독립유공자와 유가족 여러분께 진심
으로 감사의 말씀을 드립니다.

104년 전 3·1 만세운동은 기미독립선언서와 임시정부 헌장에서 보는
바와 같이 국민이 주인인 나라, 자유로운 민주국가를 세우기 위한 독
립운동이었습니다. 새로운 변화를 갈망했던 우리가 어떠한 세상을 염
원하는지를 보여주는 역사적인 날이었습니다.

그로부터 104년이 지난 오늘 우리는 세계사의 변화에 제대로 준비하지 못해 국권을 상실하고 고통받았던 우리의 과거를 되돌아봐야 합니다.

지금 세계적인 복합 위기, 북핵 위협을 비롯한 엄혹한 안보 상황, 그리고 우리 사회의 분절과 양극화의 위기를 어떻게 타개해 나갈 것인지 생각해 봐야 합니다.

우리가 변화하는 세계사의 흐름을 제대로 읽지 못하고 미래를 준비하지 못한다면 과거의 불행은 반복될 것이 자명합니다.

아울러 우리는 그 누구도 자기 당대에 독립을 상상하기도 어려웠던 시절에, 그 칠흑같이 어두운 시절에, 조국의 자유와 독립을 위해 자신이 가진 모든 것을 던진 선열들을 반드시 기억해야 합니다.

조국이 어려울 때 조국을 위해 헌신한 선열을 제대로 기억하지 못한다면 우리에게 미래는 없습니다.

존경하는 국민 여러분, 3·1 운동 이후 한 세기가 지난 지금 일본은 과거 군국주의 침략자에서 우리와 보편적 가치를 공유하고 안보와 경제, 그리고 글로벌 어젠다에서 협력하는 파트너가 되었습니다.

특히, 복합 위기와 심각한 북핵 위협 등 안보 위기를 극복하기 위한 한미일 3자 협력이 그 어느 때보다 중요해졌습니다.

우리는 보편적 가치를 공유하는 국가들과 연대하고 협력해서 우리와 세계시민의 자유 확대와 공동 번영에 책임있는 기여를 해야 합니다.

이것은 104년 전, 조국의 자유와 독립을 외친 우리 선열들의 그 정신과 결코 다르지 않습니다.

국민 여러분, 우리가 이룩한 지금의 번영은 자유를 지키고 확대하기 위한 끊임없는 노력과 보편적 가치에 대한 믿음의 결과였습니다.

그 노력을 한시도 멈춰서는 안 될 것입니다.

그것이 조국의 자유와 독립을 위해 희생하고 헌신하신 선열에게 제대로 보답하는 길입니다.

영광의 역사든, 부끄럽고 슬픈 역사든 역사는 잊지 말아야 합니다. 반드시 기억해야 합니다.

우리가 우리의 미래를 지키고 준비하기 위해서입니다.

우리는 조국을 위해 헌신한 선열을 기억하고 우리 역사의 불행한 과거를 되새기는 한편, 미래 번영을 위해 할 일을 생각해야 하는 날이 바로 오늘입니다.

존경하는 국민 여러분, 우리 모두 기미독립선언의 정신을 계승해서 자유, 평화, 번영의 미래를 함께 만들어 갑시다.

감사합니다, 여러분.

"혁신을 위한 길을 결코 포기하거나 늦춰선 안 됩니다"
2023년 03월 08일 국민의힘 전당대회 축사

사랑하는 국민의힘 당원 동지 여러분. 여러분 이렇게 뵈니까. 1년 전에 다 함께 뜨겁게 선거운동을 했던 것이 다시 생각이 납니다. 벌써 당선 1주년이 됐습니다. 작년 이맘때 우리 모두가 힘을 합쳐서 부패 세력을 내몰고, 정상적인 나라로 재건하겠다는 일념 하나로 서로 격려하며 뛰고 또 뛰었습니다. 언제나 든든한 힘이 되어주신 우리 당원 동지 여러분께 다시 한번 깊이 감사드립니다.

또 어려운 시기에 당을 이끌어 주신 정진석 비대위원장님, 주호영 원내대표님을 비롯한 지도부 여러분 고생 많으셨습니다. 그리고 이번 전당대회 선거관리를 맡아주신 유흥수 위원장과 선관위원께도 감사드립니다. 앞으로 새롭게 선출될 국민의힘 지도부에 우리 모두 다 함께 뜨거운 박수를 보냅시다 여러분.

사랑하는 당원 동지 여러분, 정부가 출범한 지 어느덧 10개월이라는 시간이 흘렀습니다. 저는 그동안 우리의 헌법 정신인 자유와 연대의 가치를 역설해왔습니다.

민간의 자율과 개인의 창의 존중, 자유와 공정의 출발점인 법치, 첨단 과학기술 혁신과 국가 전략 산업의 육성, 사회적 약자를 더욱 두텁게 지원하는 약자 복지, 보편적 가치를 공유하는 국가들 간 연대와 협력, 그리고 강력한 국가 안보 태세를 강조해 왔습니다.

이 모두 무너진 자유민주주의와 시장경제 체제를 바로 세워달라는 국민의 목소리, 강력한 국가 안보를 통해 평화를 지켜달라는 국민의 목소리에서 시작되었습니다.

이제 우리는 더 강력하게 행동하고 더 신속하게 실천해야 합니다. 과거의 낡은 이념에 기반한 정책, 기득권 카르텔의 부당한 지대추구를 방치하고는 한 치 앞의 미래도 꿈꿀 수 없는 것이 우리의 현실입니다. 시장이 자유롭고 공정하게 작동할 수 있도록 우리의 제도를 선진 글로벌 스탠더드에 맞춰야 됩니다.

국민을 고통에 빠뜨리는 기득권 이권 카르텔은 확실하게 뿌리 뽑아야 합니다.

우리 사회의 지속 가능성과 청년 세대를 위한 노동, 교육, 연금 3대 개혁을 흔들림 없이 빠르게 추진해야 합니다. 노조 회계의 불투명, 산업현장의 고용세습, 폭력과 불법에 단호하게 대처하고 이를 바로 잡아야 합니다.

국제관계 역시 빠르게 정상화해야 합니다. 보편적 가치를 공유하는 국가간 연대와 협력은 국제사회에서의 우리의 생존과 국익뿐 아니라 우리 헌법 가치인 자유민주주의, 시장경제와 직결된 문제입니다.

무너진 한미동맹을 재건하고 한일 관계를 복원하는 것 역시 마찬가지입니다.

세계적 복합 위기, 북핵 위협을 비롯한 엄혹한 안보 위기를 극복하기 위해서는 한미일 3국의 협력이 그 어느 때보다 중요하다는 점을 반드시 직시해야 합니다.

존경하는 당원 동지 여러분, 우리의 미래는 결코 저절로 오지 않습니다. 기득권의 집요한 저항에 부딪혀도 미래 세대를 위한 길, 나라 혁신을 위한 길을 결코 포기하거나 늦춰선 안 됩니다. 이 나라의 위기, 그리고 당의 위기를 정치적 기회로 악용하면 절대 안 됩니다. 어떤 부당한 세력과 싸우는 것을 절대 주저하지 않고 두려워하지 말아야 합니다. 그것이 우리 당이 국민으로부터 더욱 사랑받는 길입니다.

우리 국민의힘에게는 대한민국의 자랑스러운 성취를 이끌어 온 저력이 있습니다. 우리 당은 번영의 토대인 자유민주주의 헌법 가치를 수호하는 정당으로서 약자를 따뜻하게 배려하는 사회를 만들어 갈 책임이 있습니다.

또 국제사회의 리더 국가로서 우리와 세계시민의 자유를 확장하고, 국제사회의 평화와 번영을 이끌어갈 책임이 있습니다.

사랑하고 존경하는 당원 동지 여러분, 새로 선출될 지도부와 우리 모두가 하나가 되어야 합니다. 우리 국민의힘 당내 선거에선 승자도 패자도 없습니다. 우리 당 구성원 모두 첫째도 국민, 둘째도 국민, 셋째도 국민만을 생각하고 함께 전진해야 합니다.

사랑하는 당원 동지 여러분 우리 모두 힘을 합쳐 다시 대한민국, 새로운 국민의 나라를 만들어 갑시다. 감사합니다.

"한일관계는 윈-윈 관계가 될 수 있으며
반드시 그렇게 되어야 합니다"

2023년 03월 21일 제12회 국무회의 윤석열 대통령 모두 발언

"만약 우리가 현재와 과거를 서로 경쟁시킨다면, 반드시 미래를 놓치게 될 것이다"

자유에 대한 강한 열망과 불굴의 리더십으로 2차 대전을 승리로 이끈 영국 수상 윈스턴 처칠의 말입니다. 과거는 직시하고 기억해야 됩니다. 그러나 과거에 발목이 잡혀서는 안 됩니다.

그동안 한일관계는 악화 일로를 걸어왔습니다. 양국 정부간 대화가 단절되었고, 한일관계는 파국 일보 직전에서 방치되었습니다.

2011년 12월 마지막 한일 정상회담이 열린 뒤, 2015년 위안부 합의로 일본 정부가 2016년 출연한 '화해치유재단'도 불과 2년 만에 해체되었습니다.

2018년 대법원의 강제징용 사건 판결은 2019년 일본의 반도체 소재 수출 규제, 화이트리스트 한국 배제 등 경제 보복으로 이어졌으며, 우리도 일본을 WTO(세계무역기구)에 제소하고 우리 화이트리스트에서 일본을 배제하는 등 역사 갈등이 경제 갈등으로 확산되었습니다. 또한, 우리는 일본과 2016년 지소미아를 체결하였다가 2019년 8월 GSOMIA의 종료를 발표하고, 석달 뒤 다시 이를 보류하는 등 한일 안보 협력마저 파행을 겪었습니다.

저는 작년 5월 대통령 취임 이후, 존재마저 불투명해져 버린 한일관계의 정상화 방안을 고민해 왔습니다. 마치 출구가 없는 미로 속에 갇힌 기분이었습니다. 그렇지만 손을 놓고 마냥 지켜볼 수만은 없었습니다. 날로 치열해지는 미·중 전략경쟁, 글로벌 공급망의 위기, 북핵 위협의 고도화 등 우리를 둘러싼 복합위기 속에서 한일협력의 필요성은 더욱 커졌기 때문입니다.

한일 양국은 역사적으로나 문화적으로나 가장 가깝게 교류해 온 숙명의 이웃 관계입니다. 독일과 프랑스도 양차 세계대전을 통해 수많은 인명을 희생시키면서 적으로 맞서다가 전후에 전격적으로 화해하고, 이제는 유럽에서 가장 가깝게 협력하는 이웃이 됐습니다.

한일관계도 이제 과거를 넘어서야 합니다. 친구 관계에서 서먹서먹한 일이 생기더라도 관계를 단절하지 않고 계속 만나 소통하고 얘기하면 오해가 풀리고 관계가 복원되듯이 한일관계도 마찬가지입니다. 때로는 이견이 생기더라도 한일 양국은 자주 만나 소통하면서 문제를 해결하고 협력 방안을 찾아 나가야 합니다.

한일관계는 한 쪽이 더 얻으면 다른 쪽이 그만큼 더 잃는 제로섬 관계가 아닙니다. 한일관계는 함께 노력해서 함께 더 많이 얻는 윈-윈 관계가 될 수 있고, 또 반드시 그렇게 되어야 합니다.

하지만 전임 정부는 수렁에 빠진 한일관계를 그대로 방치했습니다. 그 여파로 양국 국민과 재일 동포들이 피해를 입고, 양국의 경제와 안보는 깊은 반목에 빠지고 말았습니다.

저 역시 눈앞의 정치적 이익을 위한 편한 길을 선택해서, 역대 최악의 한일관계를 방치하는 대통령이 될 수도 있었습니다. 하지만 작금의 엄중한 국제정세를 뒤로 하고, 저마저 적대적 민족주의와 반일 감정을 자극해 국내 정치에 활용하려 한다면 대통령으로서 책무를 저버리는 것이라고 생각했습니다.

이번 방일에 대해 우선 한일 양국의 경제계가 적극 환영하면서 그간 위축된 양국 경제교류가 재개될 것이라는 기대감을 가지기 시작했습니다.

제가 이번에 일본에 가서 만난 재일 동포들도 그간 한일관계 경색으로 겪어온 어려움과 고통을 일거에 털어버릴 기대감에 동포사회가 축제 분위기라고 하였습니다. 저는 우리 정부가 이제 올바른 방향으로 나아가고 있다고 확신합니다. 양국 간 불행한 과거의 아픔을 딛고, 일본과 새로운 지향점을 도출하고자 한 노력은 이번이 처음은 아닙니다.

1965년 박정희 대통령은 한일 간 공동의 이익과 공동의 안전, 그리고 공동의 번영을 모색하는 새로운 시대에 접어들었다고 하면서 한일 국교 정상화를 추진하였습니다.

당시 굴욕적이고 매국적인 외교라는 극렬한 반대 여론이 들끓었지만, 박 대통령은 피해의식과 열등감에 사로잡혀 일본이라면 무조건 겁부터 집어먹는 것이 바로 굴욕적 자세라고 지적했습니다. 그리고 한일 국교 정상화가 어떤 결과로 귀결될지는 우리의 자세와 각오에 달려있다면서 끝내 한일 국교 정상화라는 과업을 완수했습니다.

박 대통령의 결단 덕분에 삼성, 현대, LG, 포스코와 같은 기업들이 세계적인 경쟁력을 갖춘 기업으로 성장할 수 있었고, 이는 한국경제의 눈부신 발전을 가능케 하는 원동력이 됐습니다.

그 후 부침을 거듭하던 한일관계의 새로운 지평을 연 것은 1998년 김대중 대통령이었습니다. 김 대통령은 오부치 일본 총리와의 정상회담을 통해 '21세기의 새로운 한·일 파트너십'을 선언했습니다.

김대중 대통령은 일본 방문 연설에서 역사적으로 한국과 일본의 관계가 불행했던 것은 일본이 한국을 침략한 7년간과 식민 지배 35년간이었다고 하면서, 50년도 안 되는 불행한 역사 때문에 1천 5백 년에 걸친 교류와 협력의 역사를 무의미하게 만드는 것은 참으로 어리석은 일이라고 얘기했습니다.

아울러, 김대중 대통령은 1965년 한일 국교 정상화 이후 비약적으로 확대된 양국의 교류와 협력을 통해 필요불가결한 동반자 관계로 발전한 한일관계를 미래지향적인 관계로 만들어나가야 할 때라고 하면서, 양국 정상의 선언이 한일 정부 간의 과거사 인식 문제를 매듭짓고, 평화와 번영을 향한 공동의 미래를 개척하기 위한 초석이 될 것이라고 했습니다.

1965년의 한일기본조약과 한일청구권협정은 한국 정부가 국민의 개인 청구권을 일괄 대리해 일본의 지원금을 수령한다고 되어 있습니다. 이같은 기조 아래, 역대 정부는 강제징용 피해자분들의 아픔을 치유하고 합당한 보상이 이루어질 수 있도록 노력해 왔습니다.

1974년 특별법을 제정해서 83,519건에 대해 일본으로부터 받은 청구권 자금 3억 달러의 9.7퍼센트에 해당하는 92억 원을, 2007년 또다시 특별법을 제정해서 78,000여 명에 대해 약 6,500억 원을 각각 정부가 재정으로 보상해 드렸습니다.

우리 정부는 1965년 국교 정상화 당시의 합의와 2018년 대법원 판결을 동시에 충족하는 절충안으로 제3자 변제안을 추진하게 된 것입니다.

정부는 강제징용 피해자분들과 유족들의 아픔이 치유될 수 있도록 최선을 다할 것입니다. 우리 사회에는 배타적 민족주의와 반일을 외치면서 정치적 이득을 취하려는 세력이 엄연히 존재합니다.

일본은 이미 수십 차례에 걸쳐 우리에게 과거사 문제에 대해 반성과 사과를 표한 바 있습니다. 이 중 가장 대표적인 것이 일본이 한국 식민 지배를 따로 특정해서 통절한 반성과 마음으로부터의 사과 표명을 한 1998년 '김대중-오부치 선언'과 2010년 '간 나오토 담화'입니다.

이번 한일 회담에서 일본 정부는 '김대중-오부치 선언'을 비롯해 역사 인식에 관한 역대 정부의 입장을 전체적으로 계승하겠다는 입장을 분명히 밝혔습니다.

중국의 총리 저우언라이는 1972년 일본과 발표한 국교 정상화 베이징 공동성명에서 중일 양국 인민의 우호를 위해 일본에 대한 전쟁 배상 요구를 포기한다고 하였습니다.

중국인 30여만 명이 희생된 1937년 난징대학살의 기억을 잊어서가 아닐 것입니다.

당시 저우언라이 총리는 "전쟁 책임은 일부 군국주의 세력에게 있으므로 이들과 일반 국민을 구별해야 한다. 때문에 일반 일본 국민에게 부담을 지워서는 안되며 더욱이 차세대에게 배상책임의 고통을 부과하고 싶지 않다"고 했습니다.

국민 여러분, 이제는 일본을 당당하고 자신있게 대해야 합니다.

세계로 뻗어나가 최고의 기술과 경제력을 발산하고, 우리의 디지털 역량과 문화 소프트 파워를 뽐내며, 일본과도 협력하고 선의의 경쟁을 펴야 합니다.

이제 한일 양국 정부는 각자 자신을 돌아보면서 한일관계의 정상화와 발전을 가로막는 걸림돌을 각자 스스로 제거해 나가는 노력을 기울여야 합니다. 한국이 선제적으로 걸림돌을 제거해 나간다면 분명 일본도 호응해 올 것입니다.

저는 이번 1박 2일 방일 중 기시다 총리와 내각을 비롯해서 정계 조야 주요 인사들과 경제계 주요 기업인들을 다수 만났습니다.

모두 양국관계 개선에 따라 안보, 경제, 문화 등 다양한 분야에서 협력의 시너지가 매우 클 것이라고 기대하고 있었습니다. 야당도 기시다 내각의 한일관계 개선을 적극 지원하겠다고 약속했습니다.

게이오대학에서 만난 미래세대인 학생들에게서도 한일관계 개선에 대한 기대에 부푼 모습을 보았습니다.

12년 만에 이루어진 이번 방일 정상회담에서 저와 기시다 총리는 그간 얼어붙은 양국관계로 인해 양국 국민들이 직간접적으로 피해를 입었다는 점에 공감하고 한일관계를 조속히 회복시켜 나가기로 했습니다.

또한 한국과 일본은 자유, 인권, 법치의 보편적 가치를 공유하고, 안보, 경제, 글로벌 어젠다에서 공동의 이익을 추구하는 가장 가까운 이웃이자 협력해야 할 파트너라는 것을 확인했습니다. 양국의 미래를 함께 준비하자는 국민적 공감대에 따라 안보, 경제, 문화 등 다양한 분야에서 협력을 증진시키기 위한 논의를 더욱 가속화할 것입니다.

이를 위해, 외교, 경제 당국 간 전략대화를 비롯해서 양국의 공동

이익을 논의하는 정부 간 협의체들을 조속히 복원할 것이며, NSC 차원의 「한일 경제안보대화」도 곧 출범할 것입니다.

우리 대통령실과 일본 총리실 간의 경제안보대화는 핵심기술 협력과 공급망 등 주요 이슈에서 한일 양국의 공동 이익을 증진하고 협력을 강화하는 계기가 될 것입니다. 또한 한일 경제계가 함께 조성하기로 한 '한일 미래 파트너십 기금'은 양국 미래세대의 상호 교류를 활성화하는데 중요한 가교역할을 할 것입니다.

이번에 일본은 반도체 관련 3개 소재 부품 수출 규제 조치를 해제하고 한국은 WTO 제소를 철회하기로 발표하였습니다. 그리고 상호 화이트리스트의 신속한 원상회복을 위해 긴밀한 대화를 이어나가기로 했습니다.

저는 선제적으로, 우리 측의 일본에 대한 화이트리스트 복원을 위해 필요한 법적 절차에 착수하도록 오늘 산업부 장관에게 지시할 것입니다. 한일관계의 개선은 우선 반도체 등 첨단산업 분야에서 한국 기업의 뛰어난 제조기술과 일본 기업의 소재, 부품, 장비 경쟁력이 연계되어 안정적인 공급망을 구축하게 될 것입니다.

양국 기업 간 공급망 협력이 가시화되면 용인에 조성될 예정인 반도체 클러스터에 일본의 기술력 있는 반도체 소부장 업체들을 대거 유치함으로써 세계 최고의 반도체 첨단 혁신기지를 이룰 수 있습니다.

한국과 일본은 세계 1, 2위 LNG 수입 국가입니다. 양국이 '자원 무기화'에 공동 대응한다면 에너지 안보와 가격 안정에 크게 기여할 것입니다. LNG 분야 협력이 심화되면 일본 기업들로부터 LNG 선박 수주도 증가할 것이고 미래 친환경 선박, 수소환원제철 등에 대한 공동 R&D 프로젝트를 확대 추진함으로써 2050 탄소중립 이행 등 기후변화에도 함께 대응할 수 있습니다. 특히, 한일 양국 간 경제 협력 강화는 양국 기업이 글로벌 수주시장에서 공동 진출할 수 있는 기회를 활짝 열 것입니다.

1997년부터 2021년까지 24년간 한일 양국 기업들이 추진한 해외 공동 사업은 46개 국가에서 121건, 약 270조 원 규모로 추산됩니다. 세계 최고 수준의 제조 건설 설계 역량을 보유한 양국 기업들이 파트너로서 협력한다면, 건설과 에너지 인프라, 스마트시티 프로젝트 등 글로벌 수주시장에서 최고의 경쟁력으로 공동 진출할 수 있습니다.

아울러 일본은 경제 규모 세계 3위의 시장입니다. 한일관계 개선은 한국산 제품 전반의 일본 시장 진출 확대에도 기여할 것입니다. 또한, 양국 간 문화 교류가 활발해지고 일본 국민의 한국 방문이 늘어나면 내수 회복과 지역경제 활성화에도 큰 도움이 될 것입니다.

정부는 경제 분야 기대성과가 가시화되고 우리 국민들께서 체감하실 수 있도록 기업 간 협력과 국민 교류를 적극 지원할 것입니다.

산업, 통상, 과학기술, 금융 외환, 문화, 관광 등 관련 분야에서 양국 장관급 후속 회의를 신속하게 개최하고, 반도체, 바이오 등 핵심 협력 분야 대화 채널 신설, 양자 우주 바이오 공동 지원, 산학협력 실증거점 구축, R&D와 스타트업 공동펀드 조성, 육상과 항공 물류 협력 등을 속도감 있게 진행해 나갈 것입니다.

저와 기시다 총리는 날로 고도화되고 있는 북핵, 미사일 위협에 대응하기 위해 한미일, 한일 안보 공조가 매우 중요하며, 앞으로도 적극 협력해 나가자는데 의견의 일치를 봤습니다.

지난 목요일 제가 일본으로 떠나기 두 시간 반 전에 북한이 ICBM을 발사했습니다. 저는 한일 간 북핵과 미사일에 관한 완벽한 정보 공유가 시급하다고 판단해서 한일 정상회담에서 전제조건 없이 선제적으로 지소미아를 완전히 정상화할 것을 선언했습니다. 이에 따라 국방부와 외교부에서도 필요한 법적 조치를 시행했습니다.

2019년 한국이 취한 GSOMIA 종료선언과 그 유예로 인한 제도적 불확실성을 이번에 확실하게 제거함으로써 한미일, 한일 군사 정보 협력을 강화하는 발판을 마련했습니다. 또한, 양국의 인태 전략, 즉 한국의 '자유, 평화, 번영의 인도 태평양 전략'과 일본의 '자유롭고 열린 인도 태평양'의 추진 과정에서도 양국이 긴밀히 연대하고 협력해 나가기로 하였습니다.

나아가 동북아 역내 대화와 협력 활성화를 위해 한일중 3국 정상회의 재가동을 위해 함께 노력하기로 했습니다.

앞으로도 한일 두 정상은 형식에 구애받지 않고, 필요하면 수시로 만나는 셔틀외교를 통해 적극적으로 소통하고 협력해 나갈 것입니다. 이번 순방을 통한 한일 두 나라의 관계 개선 노력이 구체적인 성과와 결실로 이어질 수 있도록 각 부처에서는 협력체계 구축과 아울러 후속 조치에 만전을 기해 주시기를 거듭 당부합니다.

지금 우리는 역사의 새로운 전환점에 서 있습니다. 저는 현명하신 우리 국민을 믿습니다.

한일관계 정상화는 결국 우리 국민에게 새로운 자긍심을 불러일으킬 것이며, 우리 국민과 기업들에게 커다란 혜택으로 보답할 것입니다. 그리고 무엇보다 미래세대 청년들에게 큰 희망과 기회가 될 것이 분명합니다.

정부의 근로시간 유연화 정책과 관련해서 임금, 휴가 등 근로 보상 체계에 대해 근로자들이 불안해하지 않도록, 특히 노동시장의 이중구조가 만연한 우리 사회에서 노동 약자들이 불안해하지 않도록 확실한 담보책을 강구할 것입니다.

근로자들의 건강권, 휴식권 보장과 포괄임금제 악용 방지를 통한 정당한 보상에 조금의 의혹과 불안이 있어서는 안 됩니다.

최근, 주당 최대 근로시간에 관해 다소 논란이 있습니다. 저는 주당 60시간 이상의 근무는 건강 보호 차원에서 무리라고 하는 생각은 변함이 없습니다.

물론 이에 대해 근로시간 유연화 정책의 후퇴라는 의견도 있는 것을 알고 있습니다. 그러나 주당 근로시간의 상한을 정해 놓지 않으면 현실적으로 노동 약자들의 건강권을 지키기 어렵다고 생각합니다. 우선 근로시간에 관한 노사 합의 구간을 주 단위에서 월, 분기, 반기, 연 단위로 자유롭게 설정하는 것만으로도 노사 양측의 선택권이 넓어지고 노동 수요에 유연하게 대응할 수 있습니다.

우리 사회 노동개혁의 첫째 과제는 누가 뭐라 해도 노사법치의 확립입니다. 산업현장에서 불법과 폭력을 반드시 추방해야 합니다. 이는 이론의 여지가 없습니다.

노동개혁의 또 하나의 과제인 노동시장 유연화는 그 제도의 설계에 있어 국민의 의견을 충분히 청취하고 수집할 것입니다. 고용노동부 등 관련 부처에 세밀한 여론조사 FGI를 시행하고, 제게 그 결과를 보고하도록 지시해 놓았습니다.

특히 MZ근로자, 노조미가입 근로자, 중소기업 근로자 등 노동 약자와 폭넓게 소통하겠습니다. 노동시장 유연화 등 새로운 입법이 필요한 노동개혁 과제에 관해 국민들께서 좋은 의견을 많이 제시해 주시기 바랍니다.

국민을 위한 제도를 만드는데 조급하게 서두르지 않고 충분히 숙의하고 민의를 반영하겠습니다. 감사합니다.

"북한의 무모한 도발은 반드시 대가를 치르도록 할 것"

2023년 03월 24일 서해수호의 날 기념사

누군가를 잊지 못해 부르는 것은 영원히 기억하겠다는 다짐입니다. 우리가 꿈을 향해 달리고 가족과 함께 웃는 행복한 하루를 보내도록 국가와 국민을 지켜내는 것이 자신들의 꿈이었던 영원한 바다 사나이. 55분의, 그 영웅의 이름을 불러 보겠습니다.

북한의 기습공격에 NLL을 사수한 제2연평해전 용사

故 윤영하 소령, 故 한상국 상사, 故 조천형 상사, 故 황도현 중사,
故 서후원 중사, 故 박동혁 병장

백령도 서남방을 사수하다 전사한 천안함 용사의 이름을 불러 보겠습니다.

故 이창기 준위, 故 최한권 원사, 故 남기훈 원사, 故 김태석 원사,

故 문규석 원사, 故 김경수 상사, 故 안경환 상사, 故 김종헌 상사,

故 민평기 상사, 故 최정환 상사, 故 정종율 상사, 故 신선준 상사,

故 박경수 상사, 故 강준 상사, 故 박석원 상사, 故 임재엽 상사,

故 손수민 중사, 故 심영빈 중사, 故 조정규 중사, 故 방일민 중사,

故 조진영 중사, 故 문영욱 중사, 故 박보람 중사, 故 차균석 중사,

故 이상준 중사, 故 장진선 중사, 故 서승원 중사, 故 서대호 중사,

故 박성균 중사, 故 김동진 중사, 故 이용상 하사, 故 이상민(88) 하사,

故 이재민 하사, 故 이상희 하사, 故 이상민(89) 하사, 故 강현구 하사,

故 정범구 병장, 故 김선명 병장, 故 안동엽 병장, 故 박정훈 병장,

故 김선호 병장, 故 강태민 상병, 故 나현민 상병, 故 조지훈 상병,

故 정태준 일병, 故 장철희 일병, 故 한주호 준위

투철한 군인정신을 보여준 연평도 포격전 용사분들의 이름을 불러
보겠습니다.

故 서정우 하사, 故 문광욱 일병

자유를 지켜낸 뜨거운 용기를 가진 용사들, 서해를 지키는 임무와
사명을 완수한 용사들, 대한민국은 쉰다섯 분의 용사를 영원히 기억
하겠습니다.

존경하는 국민 여러분, 서해수호 유가족과 참전 장병 여러분!

오늘 우리는 북한의 무력 도발에 맞서 서해를 수호한 용사들의 헌신을 기억하기 위해 이 자리에 함께하고 있습니다. 이곳 국립대전현충원에는 서해를 지키다 장렬히 산화한 54분의 용사와 故 한주호 준위가 잠들어 계십니다.

대한민국 국민의 자유를 지키기 위해 숭고한 희생을 한 서해수호 용사분들께 경의를 표하며 머리 숙여 명복을 빕니다.

사랑하는 가족과 생사고락을 함께 한 전우를 잃고 누구보다 가장 힘든 시간을 보내셨을 유가족분들과 참전 장병께도 깊은 위로의 말씀을 드립니다.

존경하는 국민 여러분!

우리의 서해와 서북도서는 전세계에서 군사적 긴장이 가장 높은 지역입니다. 우리 해군과 해병대 장병들은 연평해전, 대청해전, 연평도 포격전 등 수많은 북한의 무력 도발로부터 NLL과 우리의 영토를 피로써 지켜냈습니다.

이곳에 잠든 서해수호 영웅들은 우리 주변의 평범한 이웃이자 자상한 아버지였고, 효심 깊은 아들이자 다정한 친구였습니다. 그렇지만 국가가 위기에 처했을 때 자신의 안위를 돌보지 않고 온 몸을 던진 용감한 군인이었습니다.

우리 국민들이 남북한 대치 상황에서 마음 놓고 일상을 영위할 수 있는 것은 바로 이분들이 계시기 때문입니다.

서해수호 유가족과 참전 장병 여러분!

조국을 위해 희생하고 헌신한 분들을 기억하고 예우하지 않는다면 국가라고 할 수 없습니다. 국가의 미래도 없습니다. 여러분들의 소중한 가족과 전우들은 북의 도발에 맞서 우리 국민의 자유를 지킨 영웅들입니다. 우리 국민과 함께 국가의 이름으로 대한민국의 자유를 지켜낸 위대한 영웅들을 영원히 기억하겠습니다.

국민 여러분!

북한은 날로 핵무기를 고도화하고 있고, 전례 없는 강도로 미사일 도발을 감행하고 있습니다. 우리 정부와 군은 북한의 핵·미사일 고도화와 도발에 맞서 한국형 3축 체계를 획기적으로 강화하고 한미, 한미일 안보 협력을 더욱 공고하게 할 것입니다.

북한의 무모한 도발은 반드시 대가를 치르도록 할 것입니다.

존경하는 국민 여러분, 서해수호 유가족과 참전 장병 여러분!

서해수호 용사들의 희생과 헌신은 대한민국뿐만 아니라 세계의 자유, 평화, 번영의 초석이 될 것입니다. 다시 한번 서해수호 유가족과 참전 장병분들께 깊은 위로와 감사의 말씀을 드립니다. 고맙습니다.

PRESS INTERVIEW

인터뷰

Press Interview

"국민이 대통령에게 기대하는 태도,
대통령다움이라는 게 어떤 건지 고민하고 있다"

신년 인터뷰 2023년 01월 01일

"국민이 대통령에게 기대하는 태도,
대통령다움이라는 게 어떤 건지 고민하고 있다"

신년 인터뷰 2023년 01월 01일 | 조선일보

정치를 해보니 정치가 무엇이고 어떻게 해야 한다고 느꼈나?

"대한민국이 굉장히 정치화된 나라여서 어떤 조직이든지 정치의 영향을 많이 받는다. 검찰에 있으면서 정치를 많이 봤고 간접경험을 많이 했다. 결국 정치는 국민들의 먹고사는 문제를 해결하고 국가의 미래를 준비하는 일이다. 이것을 도외시하고 여기서 멀어지면 정치가 병들게 된다."

지지율이 하락했다가 요즘에 오르고 있다. 하락과 상승의 이유를 뭐라고 보나?

"선거 때도 오르락내리락하는데 그 원인을 그때도 잘 모르겠더라. 국민이 대통령다움이라고 하는 어떤 기대치가 있는 거 아닌가. 대통령

답게 보이면 아무래도 좋아하는 것 같고 대통령다움이 부족하다고 생각이 되면 덜 좋아하는 것 같은 느낌을 받았는데 정확히는 잘 모르겠다. 그리고 선거 때도 지지율을 올리기 위해서 이런저런 조언을 받았는데 사실 저는 별로 안 들었다. 지금도 정치공학적 조언은 잘 안 듣는다. 그리고 여론조사 분석은 가져와도 한번 열어봤다 닫는다. 국민이 대통령에게 기대하는 태도, 대통령다움이라는 게 어떤 건지 고민하고 있다. 솔직히 지지율은 아직도 잘 모르겠다."

윤석열다움이라는 건 '쇼를 하지 않는다'라고 하는데 그래도 쇼라도 해야 한다는 유혹을 안 느끼나?

"윤석열다움과 대통령다움은 좀 다르다고 본다. 사람들이 윤석열다움이라고 할 때는 검사 때 타협하지 않는 것을 생각하는 것 같다. 그런 점 때문에 국민들이 선거에서 많은 지지를 했다고 생각한다. 다만 대통령은 검사와 하는 일이 다르다. 국민들이 든든하게 생각할 수 있는 모습이 대통령다움 아니겠는가."

새해 내각이나 대통령실 일부 참모진 개편 계획이 있는가?

"국면 전환이나 어떤 정치적인 이유로 하는 인사는 아닌 것 같다. 인사를 너무 자주 하면 팀워크가 잘 돌아가지 않는다. 그보다는 업무 적합도 같은 것을 따지고, 더 잘할 수 있는 사람을 발견했을 때 인사를 해야 한다. 지금 함께 일하고 있는 내각이나 참모들이 현재 일을 해나가는 데 큰 문제는 없다고 생각하지만, 종합적으로 한번 판단을 해볼 생각이다."

대통령은 야당과도 협력하고 대화해야 한다. 그러나 야당과의 관계가 좋지 않다

"잘 지내야 하는데 서로 간에 생각이 너무 다르다. 대화가 참 어렵다. 지난번에 제가 국회 시정연설을 할 때 들어오지도 않았다. 경찰국 같은 예산안을 받아주면 야당에서 원하는 지역 상품권 예산을 많이 늘려주겠다고 했는데도 끝까지 문제 삼았다. 일단 여당이 야당과 자주 대화를 하도록 하고 국회 의장단과의 소통을 통해 국회 문제를 풀어나가려고 한다."

통합을 이야기했지만 인사에 있어 지역이나 학교가 편중돼 있고 법조인 출신이 많다는 비판도 있다

"글쎄 저는 사람 쓸 때 학교나 지역 같은 것에 신경을 쓰지 않는다. 검찰 있을 때도 마찬가지였다. 선거 때도 서울대 법대 동기나 후배, 검찰 출신들을 일부러 많이 피하려 했고 그것 때문에 불만도 많이 들었다. 인사에서 지역 차별을 두면 국가를 끌고 가기 어렵다. 내가 어느 특정 지역에서 많은 지지를 받아 대통령이 됐더라도 인사는 지역에 편중되지 않도록 노력하고 있다."

언론 소통을 강조했는데 도어스테핑이 중단됐다

"도어스테핑이라는 게 대통령과 젊은 기자들이 힘을 합쳐서 대국민 소통을 잘해보자는 거였는데, 협조 체제가 잘 안 돼서 많이 아쉽다.

대통령은 국민 의견에 늘 귀 기울이고 국민도 대통령이 어떻게 지내는지, 무슨 생각을 하는지 알아야 하기에 어떤 방식으로든 소통을 강화하려고 다양한 방안을 연구 중이다."

2024년 총선은 윤석열 정부에 대한 중간 평가다. 그런 점에서 국민의힘 당대표 선거가 중요한데 지금 당에서는 윤심 논란이 벌이지고 있다. 윤심은 뭔가?

"선거 때는 무슨 윤핵관이라더니, 대통령이 되니까 윤심 이런다. 제가 검찰에서 수사팀을 구성할 때는 이 수사를 성공시키는 데 가장 필요한 사람들을 뽑았지 옛날에 같이 일했다고 데리고 오는 경우는 없었다. 정치도 마찬가지다. 총선에서도 여당이 다수당이 돼야 공약했던 정책을 차질 없이 할 수 있고, 그러지 못하면 거의 식물 대통령이 될 것이다. 결국 선거는 저의 2년 동안의 일에 대한 평가이자 앞으로 얼마나 일을 잘할 것이냐에 대한 기대다. 결국은 국민한테 약속했던 것들을 가장 잘할 사람들과 함께 가야 한다. 여의도 정치를 내가 얼마나 했다고 거기에 무슨 윤핵관이 있고 윤심이 있겠나."

권영세, 원희룡 장관의 당대표 출마설도 있다

"당대표로 나가든 총선에 출마하든 간에 그건 각자가 선택할 문제다. 다 이미 한 번씩 검증을 거쳤고 정치권에서도 유능한 분들 아닌가."

한동훈 장관은 어떤가?

"마찬가지다. 그런데 당대표는 너무 이르잖은가(웃음). 한 장관과 업무 문제로 통화할 때 '당대표에 출마할 생각이 있는 거냐' 물었더니 그냥 웃더라."

윤핵관은 진짜 없는가?

"정치에서 '핵심 관계자'라는 말은 결국 어떤 지위나 관계가 아니라 어떤 사람을 배제하기 위한 말 같더라. 대통령 참모 중 누구를 핵심 관계자라고 하면 그 사람은 결국 이제 집에 가야 한다는 말로 들리더라. 그래서 윤핵관이 누군지도 모르겠고 설령 있다고 하더라도 누구라고 말을 할 수가 없게 됐다."

대통령의 덕목 중에는 포용력도 중요하다. 여당의 비주류들과 좀 더 소통하고 대화해야 하는 것 아닌가?

"당선되고 현재까지 여당 의원들을 가리지 않고 만났고 앞으로도 그럴 생각이다. 여당에 비주류·주류라는 건 말도 안 된다고 생각한다."

정치 양극화 문제 해결을 위해 분권형 대통령제나 내각제 개헌, 중대선거구제 도입 논의가 이뤄지고 있다

"개헌이라는 게 워낙 폭발적이라 지금 개헌 얘기가 나오면 민생과

개혁 문제는 다 묻힐 것이다. 다만 이제 선거제는 다양한 국민의 이해를 잘 대변할 수 있는 시스템이 돼야 하는데 소선거구제는 전부 아니면 전무로 가다 보니 선거가 너무 치열해지고 진영이 양극화되고 갈등이 깊어졌다. 그래서 지역 특성에 따라 2명, 3명, 4명을 선출하는 방법도 고려해 볼 수 있다. 정치 시작 전부터 오랫동안 그렇게 생각해 왔다. 중대선거구제를 통해서 대표성이 좀 더 강화되는 방안을 검토해 볼 필요가 있다."

이태원 참사에 대한 경찰 수사와 국회 국정조사가 마무리되면 제도적 보완과 함께 책임을 어느 선까지 물을 계획인가?

"지금 경찰 수사가 국민들이 볼 때 많이 부족하고 실망스러운 부분이 큰 것 같다. 이번에 보니 인파 관리라는 점에서도 시스템이 많이 부족했고, 여러 기관의 협조도 부족했고, 사고 직후 보고 및 대응 체계의 문제점도 드러났다. 지금도 도저히 이해가 안 간다."

정무적인 책임을 물을 생각은?

"글쎄 그게 정무적인 책임도 책임이 있어야 묻는 거다. 과거에 대통령이 느닷없이 국면 전환 차원에서 인사를 하던 시절에도 책임을 물을 뭐가 있어야 했지, 그냥 사람을 바꾼 적은 없다."

민주당 이재명 대표, 문재인 정부 인사들에 대한 검찰 수사를 두고 야당은 정치 보복이라고 주장한다

"수사에 대해 대통령이 언급하는 것은 온당치 않다. 그런데 정치 보복이라고 하려면 선거 이후 그야말로 정권이 뒷조사를 했다면 모를까, 지금 수사는 이미 민주당의 대선 경선 과정에서 다 나온 이야기다. 새로운 것이 없다. 만약에 정치 보복성 수사라고 한다면 국민들이 얼마나 매섭게 심판을 하겠나. 정치 보복이라는 주장을 이해할 수 없고 대통령의 일도 아니기 때문에 특별히 언급하고 싶은 생각도 없다."

대통령 가족에 대한 수사가 미진하다는 지적도 있다

"수사는 제가 언급할 일도 아니고 또 처에 대한 일이니까 더더욱 그렇다. (검찰총장 시절) 조국 장관 내정자에 대한 수사가 개시된 이후에 몇 년이 넘도록 제 처와 처가에 대해서 전방위적으로 뭐라도 잡아내기 위해서 무슨 지휘권 배제라고 하는 식의 망신까지 줘가면서 수사를 진행했다."

DOOR STEPPING

도어스테핑

Doorstepping

"글쎄 뭐 특별한 소감 없습니다. 일해야죠"

2022년 05월 11일

윤석열 1층에 다 입주했어요? 책상도 다 마련하고? 잘 좀 부탁합니다.

기 자 오늘 첫 출근인데 한 말씀 부탁드립니다.

윤석열 하하, 어제 첫 출근을 하긴 했는데. 그래 뭐, 어제 제가 그 취임사에 통합 얘기가 빠졌다고 지적하시는 분들이 있는데, 너무 당연한 거기 때문에. 통합이라는 건 우리 정치 과정 자체가 국민 통합의 과정입니다. 나는 통합을 어떤 가치를 지향하면서 할 것이냐, 그걸 이야기 한 거니까. 그렇게 좀 이해해 주면 좋겠습니다.

기 자 역사상 처음으로 출퇴근하시는 대통령이신데 좀 소감이 어떠신가요?

윤석열 글쎄 뭐 특별한 소감 없습니다. 일해야죠.

기 자 하나만 더 ⋯, 내일 국무회의를 주재하려면 일부 장관을 임명을
오늘 좀 해야 하는데요 그거 관련해서 좀.

윤석열 글쎄 내가 좀 출근해서 챙겨봐야 되겠는데, 자, 많이 도와
주십시오.

청문보고서 미채택 장관 임명 "오늘은 일부만"

2022년 05월 12일

윤석열 (기자들에게 손 흔들며) 안녕하세요.

(질문 받지 않고 곧바로 집무실 올라가려다 기자들의 질문에 돌아서서 멈춤)

기 자 대통령님 혹시 오늘 청문 보고서가 채택 안 된 장관도 임명하실
계획이 있으십니까?

윤석열 오늘은 일부만.

"한동훈 임명, 출근해서 검토해보겠다"

2022년 05월 17일

윤석열 많이 당겨 왔네?

기 자 오늘 한동훈 장관 후보자 임명은 절차대로 진행할 계획이신지
궁금합니다.

윤석열 어제까지 뭐가 안 왔기 때문에, 이따 출근해서 한번 검토해보겠
습니다.

기 자 정호영 후보자에 대한 임명 문제는 결정 좀 하셨나요?

윤석열 글쎄, 아직 뭐 임명 안 한 장관이, 후보자가 몇 분 있죠? 좀 더
검토를 해보겠습니다.

기 자 대통령님, 윤재순 비서관에 대해서는 당에서도 우려가 조금 나
오는데 어떻게 판단하고 계시는지 여쭤볼 수 있겠습니까?

윤석열 (주변 둘러보며) 다른 질문 없죠? 좋은 하루 보내세요.

"한덕수 인준, 상식 따라 잘 처리해 줄 것 기대"

2022년 05월 19일

기   자 대통령님, 내일 한덕수 총리 인준 표결인데요, 총리 공백 상황
      도 있는데 내일 표결 관련해서 혹시 강조하고 싶은 말씀 있으
      실까요?

윤석열 특별한 거 없습니다. 네 뭐 질문 하실 게 없으시면 …

기   자 야당에 전하고 싶으신 메시지가 혹시 있으신가요?

윤석열 아, 글쎄, 뭐 잘 상식에 따라서 잘 처리해 줄 것으로 생각하고
      있습니다.

"한미동맹, 더 넓은 범위 포괄 계기 될 것"

2022년 05월 20일

기　자 안녕하세요, 한미정상회담 이제 준비 마치셨는데 임하시는 각오 말씀 부탁드려도 될까요?

윤석열 뭐 각오라기보다, 국제사회에 많은 변화가 있기 때문에 한미동맹 관계도 더 튼튼해지고 더 넓은 범위를 포괄하는 그런 동맹으로 가는 계기가 될 것이라고 생각합니다.

기　자 중국과의 관계는 좀 문제가 될 있다 이런 이야기가 나와서요.

윤석열 글쎄, 제로섬으로 볼 필요는 굳이 없습니다. 중국과의 관계도 우리가 경제 관계를 잘 해나가면 됩니다. 네.

기　자 오늘 한덕수 후보자 인준 결과 나오면 정호영 후보자 거취도 좀 결단하실 건가요?

윤석열 한덕수 총리 후보자는 김대중 대통령 시절에 경제수석을 하셨고, 또 노무현 대통령 시절에 국무조정실장, 경제부총리, 총리를 하신 분입니다. 처음부터 협치를 염두에 두고, 지명한 총리입니다. 잘 될 것이라고 저는 기대하고 있습니다.

"IPEF는 경제·통상 룰을 만들어 나가는 과정"

2022년 05월 23일

윤석열 여러분들, 큰 행사 취재하시느라고 수고 많이 하셨습니다.

기　자 대통령님, 정호영 장관 후보자 임명 여부 결정됐습니까?

윤석열 글쎄 뭐, 시간이 조금 더 필요한 거 같습니다.

기　자 오늘 오후에 IPEF 가입 진행하시는데 그 의미에 대해 직접 설명을 조금 해주신다면.

윤석열 IPEF는 어떤 콘텐츠를 가지고 있는 그런 통상 협상이 아니고요, FTA처럼, 이거는 인도·태평양 역내에서 경제·통상과 관련한 광범위한 룰을 만들어 나가는 과정입니다. 그래서 거기에 우리가 뭐 당연히 참여를 해야 되는 것이고, 그 룰을 만들어 가는 과정에서 우리가 빠진다고 한다면은 국익에도 피해가 많이 갈 것입니다. 그래서 룰을 만들어 가는 과정이기 때문에."

기 자 대통령님, 노무현 전 대통령 추도식이 열리는데 총리 통해서 어떤 메시지 … .

윤석열 글쎄 뭐, 한국 정치에 참 안타깝고 비극적인 일이죠. 그래서 뭐 권양숙 여사를 위로하는 말씀을 담았습니다. 네.

법무부 인사정보관리단을 두고 "미국이 그렇게 한다"

2022년 05월 27일

윤석열 매번 이렇게 대변인들이 나와요?

기 자 대통령님, 법무부에 인사정보관리단을 둬서요 인사검증 맡기는 게 부적절한 게 아니냐는 지적이 계속해서 나오고 있는데요.

윤석열 미국이 그렇게 합니다. 네. 그리고 대통령 비서실에서 정책이나 이런 거 위주로 해야지, 어떤 사람에 대한 비위나 정보 캐는 거 있죠? 그건 안 하는 게 맞아요. 그래서 내가 민정수석실 없앤 겁니다. 사정 컨트롤타워나, 옛날 특감반 이런 거 있죠? 공직자의 비위 정보 수집하는 거. 그런 거 안 하고 사정은 그냥 사정기관이 알아서 하는 거고, 대통령 비서실이 사정의 컨트롤타워 역할 안 하고, 그리고 공직 후보자에 대한 비위나 비위 의혹에 관한 정보 수집 있죠? 그것도 안 합니다. 그래서 대통령 비서실이라는 데는 직접 그런 정보 수집 업무를 안 하고 받아서 해야 됩니다. 그래야 객관적으로 할 수가 있어요. 자료가 축적될 수도 있고. 그래서 미국의 방식대로 하는 겁니다.

"추경 안 하나, 영세 자영업자 숨이 넘어간다"

2022년 05월 30일

기　자 대통령님, 추경에 따라서 물가 상승 압박 우려가 있는데 어떻게 좀 보시는지요?

윤석열 그럼 추경 안 합니까? 물가 문제는 저희가 좀 그 세부적으로 관리를 좀 해야 되고, 지금 그 영세 자영업자들 숨이 넘어갑니다. 그걸 먼저 생각해야죠.

기　자 대통령님 특별감찰관 임명 안 하십니까?

(집무실로 이동)

"우리 경제위기, 태풍 권역에 마당 들어왔다"

2022년 06월 3일

윤석열 오랜만입니다!

기　자 지방선거로 국정운영 동력이 확보됐다는 평가가 많은데 어떻게 보실까요?

윤석열 여러분, 지금 집에 창문이 흔들리고 마당에 나뭇가지가 흔들리는 거 못 느끼십니까? 지금 우리 경제위기를 비롯한 태풍의 권역에 우리 마당이 들어와 있습니다. 정당의 정치적 승리를 입에 담을 그럴 상황이 아닙니다.

기 자 지방정부와 손잡고 헤쳐나가겠다는 말씀도 하셨는데, 조속한 시일 내에 시·도지사와 만남을 가지실지, 만나신다면 어떤 당부를 하고 싶으신지 궁금합니다.

윤석열 시·도지사로 이번에 선출되신 분들도 취임을 하고, 또 각자가 맡아야 될 시·도의 현안, 재정 상황, 이런 것들을 한번 점검을 하고 난 후에야 만나는 게 더 의미가 있을 것 같습니다. 네.

기 자 야당도 새 지도부 구성할 즈음에서 만남을 제안할 의향이 있으신지.

윤석열 뭐, 어려움을 헤쳐나가는데 여야가 따로 있겠습니까? 수고하십시오.

文 사저 시위에 "대통령실도 시위 허가되는 판"

2022년 06월 7일

윤석열 연휴들 잘 보내셨어요?

기 자 네, 문재인 전 대통령 양산 사저 시위가 계속되고 있는데 어떻게 보고 계시는지 궁금합니다.

윤석열 글쎄, 뭐 대통령 집무실도 시위가 허가되는 판이니까 다 법에 따라서 되지 않겠습니까?

기 자 정부 요직을 검찰 출신이 독식한다는 비판이 있는데 어떻게 보시나요?

윤석열 우리 인사원칙은 적재적소에 유능한 인물을 쓰는 게 원칙입니다.

기 자 오늘부터 화물연대 파업 돌입하는데 물류대란 우려도 나오는데 어떻게 대처해야 할까요?

윤석열 글쎄요, 사용자의 부당 노동행위든, 노동자의 불법행위든 간에, 선거 운동할 때부터 법에 따라서 원칙에 따라 대응하겠다고 계속 천명해왔습니다.

기 자 국회 상황 때문에 윤석열 정부 인사 공백이 좀 길어지는데요?

윤석열 무슨 국회 상황?

기 자 원 구성이 안 되고 …

윤석열 아, 청문회 뭐 이런 거요? 글쎄, 상황을 봐가면서, 국회와 협조하면서 진행하겠습니다.

"선진국도 검찰 출신 정관계 폭넓게 진출"

2022년 06월 8일

기 자 이명박 대통령의 특별사면 가능성이 궁금합니다.

윤석열 SY 글쎄 거기에 대해서는 지금 언급할 문제는 아니라고 생각합니다.

기 자 검찰 편중 인사라는 지적이 많이 나왔었는데 그런 이유로 강수
       진 공정거래위원장 후보를 후보군에서 제외한 건지 궁금합니다.

윤석열 하하, 전혀 아닙니다.

기 자 검찰 인사가 반복되면서 '대통령의 인재풀 자체가 너무 좁은 것
       아니냐' 이런 비판도 나오고 있는데 이에 대해서 어떻게 생각하
       시는지요?

윤석열 과거에 민변 출신들이 아주 도배를 하지 않았습니까? 선진국
       에서도 특히 미국 같은 나라 보면 거버먼트 어토니(Government
       Attorney, 정부측 법조인) 경험을 가진 사람들이 정관계에 아주 폭넓
       게 진출하고 있습니다. 그게 법치국가 아니겠습니까.

기 자 북한의 핵실험 응답이 있다는 보도가 많이 나오는데요, 핵실험
       이 단행될 때 어떤 대응방안을 준비하고 계십니까?

윤석열 그건 제가 사전에 말씀드릴 수 없는 사안입니다.

기 자 금감원장은 검찰 출신을 처음 가다보니까 이례적이라는 이야기
       도 나오는데 특별히 금감원장에 검사 출신 좀 적합하다고 보
       신 이유가 있을까요?

윤석열 저는 금감원이나 공정거래위원회 같은 데는 규제감독기관이고

또 적법절차와 법적 기준을 가지고 예측 가능하게 일을 하는 곳이기 때문에 법 집행을 다루는 사람들이 가서 역량을 발휘하기에 아주 적절한 자리라고 저는 늘 생각해 왔습니다. 그리고 이번에 이복현 신임 (금감)원장은 경제학과 회계학을 전공한 사람이고 또 오랜 세월 금융수사 활동 과정에서 금감원과의 협업 경험이 많은 사람이고 금융 감독·규제나 시장조사에 대한 전문가이기 때문에 저는 아주 적임자라고 생각합니다.

"MB 20년 수감생활하게 하는 건 안 맞는다"

2022년 06월 9일

기   자 대통령 취임 한 달 되셨는데 지금까지 소감이랑 앞으로 국정운영 방향에 대해서도 다시 한번 …

윤석열 뭐 저는 원래 한 달 됐다, 일 년 됐다에 대한 특별한 소감 같은 거 없이 살아온 사람이고 열심히 해야죠. 이건 뭐 시급한 현안들이 한두 가지가 아닙니다.

기   자 대통령님, 나토 정상회의 참석은 결정하셨는지 한일정상회담도 더 고려하고 있는지 …

윤석열 뭐 준비는 하고 있는데요. 확정됐다고 보긴 아직 어렵고요.

기　자 대통령님 후보 시절에 이명박 전 대통령 사면이 필요하다고 말씀하셨는데 혹시 그 생각은 여전히 유효하신 건지요?

윤석열 그럼 뭐 이십 몇 년을 수감생활을 하게 하는 건 안 맞지 않습니까? 과거의 전례에 비추어서라도 …

기　자 국무회의에서 반도체 공부하기 시작하셨는데 다른 분야에 대한 것도 계획하고 계시는지요?

윤석열 첨단산업으로 우리 산업구조가 고도화되지 않으면 우리가 앞으로 사회체제를 유지하기가 어렵습니다. 그래서 반도체는 첨단산업구조 체계 내에서 가장 핵심적인 분야입니다. 그래서 제가 모든 각료들, 국무위원들, 또 국무회의에 배석하는 분들에게 "이 부분에 대한 기본적인 이해는 다 갖춰라"라고 이야기한 겁니다.

기　자 만약에 화물연대 파업에 국가의 원칙대로 대응하겠다고 하셨지만 파업이 길어지고 있는데 다른 대책은 생각하신 게 있으신가요?

윤석열 지금 국토부에서 어떤 대화를 하고 있지 않습니까. 대화해서 풀 수 있는 건 풀고 그러나 어떤 경우에도 법을 위반해서 폭력을 행사하는 거는 그건 법치국가에서 국민들이 받아들이기 어려울 겁니다.

기　자 권성동 대표한테 검사 출신 더 기용하지 않겠다고 말씀하신 게 맞으신지요?

윤석열 글쎄요, 필요하면 또 해야죠. 근데 무슨 뭐, 권영세, 원희룡, 박민식 같이 벌써 검사 그만 둔 지 20년이 다 되고 국회의원 3선, 4선하고 도지사까지 하신 분을 무슨 검사 출신이라고 얘기하는 건 어폐가 있지 않습니까? 다 법률가들이 가야 되는 그런 자리를 과거 정권에서도 다 전례에 따라 법률가들이 갈 만한 자리들에 대해서만 배치를 했고 필요하면 (검사 출신 기용을) 해야죠.

기　자 만약에 한일정상회담이 열리면 위안부 문제가 당연히 의제로 올라올 것 같은데 혹시 어떤 해법 같은 걸 준비하고 계신 게 있습니까?

윤석열 그런 과거사 문제에 대해서는 미래에 대한 협력 차원에서 한일 간의 문제가 원만하게 잘 풀릴 것으로 예상하고 있습니다.

"대통령은 국가의 대통령, 당 수장 아니다"

2022년 06월 10일

윤석열 매일 우리 기자분들 만나니까 아침 인사를 뭐로 해야 될지 모르겠다. 아침 식사들 잘 하셨습니까, 구내식당도 안 돼 갖고 물어볼 수도 없고, 어. 그래 뭐 궁금한 거 있습니까?

기　자 여당 갈등이 점입가경인데 오늘 오찬 때 혹시 어떤 단서를 주실지요.

윤석열 뭐 갈등이 있습니까? 하하, 정치라는 게 늘 뭐 그런 거 아니겠어요? 그리고, 대통령은 국가의 대통령이지 무슨 당의 수장도 아니고, 당 문제는 그건 이렇게 지켜보는 것이 맞는 거 같습니다.

기　자 장관 후보자에 대해서 의혹이 제기되고 있는 상황이고 야권에서는 부적격 인사라고 보고 있는데 대통령께서는 어떤.

윤석열 어떤 후보자죠?

기　자 그 교육부와 복지 장관 후보자 두 분에 대해서 의혹이 제기되고 있는데 어떻게 보십니까?

윤석열 글쎄 요새 하도 이슈가 많아가지고 그 기사를 꼼꼼히 보지는 못했습니다만은, 그 의혹이 팩트인지 그걸 더 확인해야 하지 않겠습니까? 어떤 의혹이죠?

기　자 박순애 후보자 같은 경우는 음주운전이 문제가 됐습니다.

윤석열 음주운전도 뭐, 언제 한 거며, 여러 가지 상황이라든가 가벌성이라든가 도덕성 같은 걸 다 따져봐야 하지 않겠습니까? 음주운전 그 자체만 가지고 얘기할 게 아니고.

기　자 오늘 여당 지도부 만나시는데요, 우상호 위원장이나 박홍근 원내대표 같은 야당 지도부 만날 계획도 있으신가요?

윤석열 당연히 만나야죠. 그게 아마 국회 … 좀 구성이 되고 하면은 일단 의회 지도자들부터 좀 만나고, 그러다 보면 자연스럽게 우리 여야 그 중진들도 만나고 이렇게 다 하게 되지 않겠나, 저도 좀 기다리고 있는 상황입니다.

기　자 화물연대 파업 때문에 지금 문제가 많은데, 노동계에 적대적인 정책 때문에 그런 문제들이 불거진다, 그런 얘기들이 많은데 거기에 대해서는 어떻게 생각하시는지.

윤석열 적대적인 정책이요?

기 자 반노동계 정책.

윤석열 글쎄, 만들어내면 뭘 못하겠냐마는, 저는 노사문제에 대해서는
정부는 법과 원칙, 그리고 중립성 이런 것을 가져야만 노사가
자율적으로 자기들의 문제를 풀어나갈 수 있는 그 역량을 축
적해 나간다고 저는 생각합니다. 정부가 늘 개입해서 또 여론
에 따라가서 이렇게 너무 노사문제에 깊이 개입하게 되면 노
사 간에 원만하게 이 문제를 풀어나갈 수 있는 역량과 이 환경
이 전혀 축적되지 않기 때문에 그 동안 정부의 입장이라든가 개
입이 결국은 노사관계와 그 문화를 형성하는 데 과연 바람직한
거였는지 의문이 많고요, 노동에 대해서 적대적인 사람은 정치인
이 될 수 없는 거 아니겠습니까?

기 자 취임 한 달째인데 국민께 한 마디 해주시겠어요?

윤석열 제가 어저께 말씀 드렸잖아요. 일이 중요하지 무슨 뭐 한 달 되
고 백일 되고 한다고 그래서 거기에 특별한 의미를 둘 필요가
있나, 어? 하여튼 열심히 하겠습니다.

"국회가 시행령 수정 요구권 갖는 건 위헌소지"

2022년 06월 13일

윤석열 주말들 잘 쉬었어요?

기 자 김건희 여사님 오늘 봉하마을 가시는데 혹시 어떤 메시지를 전달하실 지와 공개활동의 신호탄으로 보면 될지 궁금합니다.

윤석열 왜 이렇게 매사를 어렵게 해석합니까? (웃음) 작년부터 한번 찾아 뵌다고 하다가 뭐 시간이 좀 안 맞고 해서, 가는 겁니다.

기 자 야당이 국회법 개정안을 준비 중인데,

윤석열 무슨 법이요?

기 자 국회법 개정안. 어떻게 생각하시는지, 거부권 행사하실 거라는 관측이 좀 나오고 있는데 어떻게 보시는지요.

윤석열 글쎄 뭐, 어떤 법률안인지 한번 봐야 되는데, 뭐 언론에 나온 것과 같이 시행령에 대해서 수정요구권 갖는 거는 그건 위헌소지가 많다고 보고 있고요. 왜냐하면 시행령의 내용이 예를 들어서 법률의 취지에 반한다 그러면 국회에서는 법률을 더 구체화하거나 개정해서 시행령이 법률의 효력에 위배되면 그것은 무효화 시킬 수 있지 않습니까? 그런 방식으로 가는 건 모르겠지만, 시행령이라는 것은 대통령이 정하는 거고 그 시행령의 문제를 해결하는 방법은 헌법에 정해져 있는 방식과 절차에 따르면 된다고 생각합니다.

기 자 대통령님, 불편할 질문일 수도 있습니다.

윤석열 아 잠깐만 좀, 순서대로. (왼손 검지 들고) 하나만 더 받을게요."

기 자 어제 북한의 방사포 도발 소식 오전에 있었다는 게 밤늦게 알려졌는데요, 대통령님 영화 관람 일정과 맞물려서 어제 일정에 의구심을 가지는 국민들도 있을 것 같습니다. 좀 말씀을 해주세요.

윤석열 의구심 가질 것까지는 없고, 방사포가 미사일에 준하는 거면 거기에 따라 조치를 하고, 어제 방사포는 미사일에 준한 거라고는 보여지지 않기 때문에 거기에 필요한 그 대응을 한 겁니다. 네. 그래요.

.

"물가 상승, 공급사이드 정부 조치 다 할 것"

2022년 06월 14일

(걸어오던 중 질문 나옴)

기   자 대통령님, 서해 공무원 사건 관련한 정보공개 이번 주 중으로
        검토하시는 건지 궁금합니다.

윤석열 글쎄 뭐, 아직은 잘 모르겠습니다.

기   자 대통령님, 김창기 국세청장 임명 관련해서 민주당이 국회 패싱이
        라고 반발하는 건 어떻게 보시는지 궁금합니다.

윤석열 글쎄 뭐, 마냥 기다릴 수가 없고, (흠, 콜록콜록) 다른 국무위원들은
        좀 국회가 정상화 될 때까지 원 구성이 될 때까지 좀 더 차분하
        게 기다리려고 하는데, 이런 뭐 세정 업무는 그대로 계속 방치할
        수 없어가지고 부득이하게 인사를 했습니다.

기　자 그럼 혹시 원 구성이 된 다음에 그 차후에 검증 절차 청문회 같은 걸 할 계획도 있으신가요.

윤석열 글쎄 그건 원 구성되고 나서 한번 보죠.

기　자 박순애, 김승희 후보자 같은 경우는 또 국회서 인사청문회 이뤄지지 않으면 임명 강행할 가능성은 있나요.

윤석열 글쎄 뭐, 가정적인 걸 갖고 답변하기는 어렵고, 일단 뭐 좀 상당 기간 기다려 보려고 하고 있습니다.

기　자 북한 핵실험 임박 징후 이런 게 있나요?

윤석열 글쎄 뭐, 그건 말씀드리기 좀 어렵고.

기　자 대통령님, 물가 선제조치 말씀하셨었는데요, 혹시 선제조치가 어떤 거 보고 있는 계시는지, 전기료 인상 같은 부분은 어떻게 처리할 건지 궁금합니다.

윤석열 글쎄 일단은 물가가 공급 사이드에서 물가 상승 요인이 나오는 거기 때문에 공급 사이드에서 우리가 정부가 할 수 있는 이런 조치들을 다 취하려고 하고 있습니다.

"세계적 고물가에 전체 생각해서 잘 협력"

2022년 06월 15일

윤석열 비가 좀 많이 와야 될 텐데, 어? 어젯밤에 조금 내리다 말았죠?

(고개 끄덕)

기　자 대통령님, 화물연대 파업이 일단 일단락이 되기는 했는데 아직 불씨가 남았다는 얘기도 있어서요, 어떻게 평가하시는지 먼저 말씀 부탁드립니다.

윤석열 글쎄, 뭐 조마조마합니다. 지금 뭐, 전 세계적으로 고물가 … 이 고금리에 따른 경제위기로 지금 뭐 살얼음판을 걷고 있는데, 우리가 다함께 좀, 전체를 생각해서 잘 협력해야 될 것 같습니다.

기　자 이번 나토 … ,

기   자 일본 언론에서 그 나토 정상회의 때 한일 정상회담을 안 한다는 방향으로 양국이 조율하고 있다 이런 보도가 나왔는데요, 사실인지 궁금하고, 그 이유가 강제징용이나 일본의 경제적 배타구역에서 우리나라 쪽의 해양 조사, 이런 거 이유를 들었는데 그것도 맞는지 부탁드립니다.

윤석열 글쎄 뭐 외교 문제가 아직 정해지기 전에, 뭐 확인해 드리고 이러기는 좀 어렵고요, 확정된 건 없습니다. 네.

기   자 대통령 집무실 명칭이 용산 대통령실로 잠정 결론 났는데 국민 공모한 의미가 좀 퇴색된다는 지적도 있는데 어떻게 생각하시나요.

윤석열 글쎄 뭐, 국민 그 공모로 인해서 올라온 명칭에 대해서 언론도 다 좋지 않게 보지 않습니까? 근데 뭐 퇴색, 하하 글쎄, 하여튼 저희는 언론의 그 비평을 많이 감안을 해서 일단은 그냥 실용적인 이름을 붙이고, 차차 하자고 결론 내릴 수 밖에 없었습니다.

기   자 여사님 일정이 공개 일정이 많아지면서 제2부속실을 아예 만들자는 의견들이 정치권에서 나오는데 어떻게 보시나요.

윤석열 글쎄 엊그제 봉하마을도 비공개 일정인데 보도가 된 거로 알고 있고. 그리고 뭐, 모르겠습니다. 저, 대통령 처음 해보는 거기 때문에, 이걸 뭐 공식 비공식 이런 걸 어떻게 나눠야 될지, 또 대통령 부인으로서 안 할 수 없는 일도 있고, 이걸 뭐 어떤 식으로 정리해서 해야 될지 저도 시작한 지 얼마 안 돼서 한번 국민 여론도 들어가면서 차차 이 부분은 생각해 보겠습니다.

기 자 여사님 양산에는 언제쯤 가시나요?

윤석열 글쎄, 저도 잘 모르겠습니다.

기 자 대통령님, 여사님이 운영하시던 회사 직원들이 일정에 동행하고 대통령실 채용 지원하고 있다는 데 대해 논란도 있는데 거기에 대해서는 어떻게 생각하시는지 여쭙고 싶습니다.

윤석열 글쎄요 지금 뭐 공식적인 그 수행이나 비서팀이 전혀 없기 때문에 혼자 다닐 수도 없고, 그래서 지금 뭐 그렇다고 뭐 어떻게, 방법을 좀 알려주시죠.

기 자 제2부속실 부활이 이렇게 얘기가 나오는데 지인 분께서 같이 동행하신 거에 대해서 민주당에선 비선이라는 단어를 사용한 비판을 하기도 하는데 그런 거에 대해서는 어떻게 보시는지요?

윤석열 저는 뭐 그런 얘기 하도 많이 들어서, 선거 때부터 … 그런데 그 언론 사진에 나온 그 분은 저도 잘 아는 제 처의 오래된 부산 친구입니다. 그래서 아마 여사님 만나러 갈 때 좋아하시는 빵이든지 이런 걸 많이 듣고 간 모양인데, 부산에서 그런 거 잘 하는 집을 안내해 준 거 같아요. 그래서 들을 게 많아서 같이 간 모양인데, 그 뭐, 봉하마을이라는 데는 국민 모두가 갈 수 있는 데 아닙니까?

기 자 대통령님, 아크로비스타에서 지금 맞불 시위 벌어지고 있는데요 이에 대해서는 좀 어떻게 보고 계세요?

윤석열 법에 따른 국민의 권리니까, 거기에 대해서는 제가 따로 언급하지 않겠습니다.

"지난 정부 징벌과세 과도 … 정상화해야 경제 숨통"

2022년 06월 17일

윤석열 어제 하루 빠졌더니, 많이 기다려졌어요?

기 자 서해 공무원 사건 결과 뒤집힌 것 대통령님의 직접 입장이 궁금하고요, 봉인된 핵심 자료 얻기 위한 추가 조치가 궁금합니다.

윤석열 그걸 뭐 내가 직접 관여할 문제는 아니고, 뭐 … 앞으로 더 진
행이 되지 않겠나 싶습니다. 저도 뭐 정확하게는 그 디테일한 건
잘 모르겠습니다. 그렇지만, 아마, 조금 더 진행이 되지 않겠나,
조금 더 기다려 보시죠. 네.

기 자 그런데 야당 의원들 같은 경우는 국가적 자해다, 교묘하게 사
실관계 호도했다 이렇게 얘기하면서 문재인 정부랑 신구 갈등
조짐으로 보는 시각도 있더라고요.

윤석열 글쎄 뭐 … 뭐가 나오면 맨날 그런 정치적, 권력적으로 문제를
보고 해석을 하는데, 내가 선거 때도 이 부분은 대통령이 되면
은, 하여튼 억울함이 없도록 하겠다고 그 유족도 만났잖아요?
그러고 정보공개에 대해서 정부가 계속 그 상소(항소)를 해나가
는 것이 맞지 않다고 했기 때문에 그 항소를 그만하게 된 것이
고, 거기에 따른 후속 조치인데, 앞으로 더 진행이 좀 되겠죠. 당
사자도 더 진상을 확인하기 위해서 어떠한 법적인 조치를 하지
않겠습니까? 거기에 따라서 조금 더 진행이 되겠죠. 그건 좀 지
켜봐 주십시오.

기 자 대통령님, 한상혁·전현희 위원장 두 분은 함께 하기가 좀 어렵
다고 생각을 하시는지요?

윤석열 글쎄 저는, 국무회의에 필수 요원, 국무위원도 아닌 사람들이
뭐 그렇게 와서 앉아 있으면 다른 국무위원들이 그 … 뭐 마음

에 있는 이야기들을 툭 터놓고 비공개 논의도 많이 하는데, 그래서 굳이 올 필요 없는 사람까지 다 배석시켜서 국무회의를 할 필요가 있나 하는 생각은 있습니다.

기 자 물러나 줬으면 좋겠다는 생각도 있으신가요?

윤석열 그거 뭐 임기가 있으니까 자기가 알아서 판단할 문제 아니겠습니까?

기 자 민주당에서 지금 전 정부 관련 수사에 대해서 정치보복이라는 얘기를 하는데,

윤석열 어디요?

기 자 민주당 쪽에서 전 정부 관련 수사나 이재명 의원 관련 수사에 대해서 정치보복이라는 얘기가 나오고 있는데, 거기에 대해 어떻게 생각하십니까?

윤석열 그건 뭐 우리나라에서 정권이 교체가 되고 나면 그 형사사건 수사라고 하는 것은 과거의 일을 수사하지 미래의 일을 수사할 수는 없잖아요. 그럼 다 그 과거 일부터 수사가 이뤄지고, 그리고 또 좀 지나고 나면 현 정부 일도 또 수사가 이뤄지고 하는 것이지, 민주당 정부 때는 안 했습니까? 그러니까 그것은 정상적인 사법 시스템을 자꾸 이렇게 정치 논쟁화하는 거는 참 바람

직하지 않다고 생각합니다. 또 뭐 궁금한 거 없으세요?

기　자 부자감세라는, 어제 와이노믹스에 대해서 부자감세라는 비판이 일부 있는데 어떻게 설명해 주실지요?

윤석열 하지 말까? 하하하. 뭐, 감세라고 하는 거는 이 규제 중에 제일 포괄적이고 센 규제가 세금 아니겠어요? 그리고 글로벌 경쟁을 해 나가는데 … 어떤 OECD 평균 법인세라든지 이런 거를 지켜 줘야 기업이 경쟁력이 있고, 그렇게 해야 또 여러 가지 부가가치가 생산이 되지 않겠습니까. 그리고 지난 정부 때 뭐 종부세 이런 것들은 거의 세금이라는 건 징벌적으로 하는 게 아니거든요. 근데 징벌 과세로 좀 과도하게 됐기 때문에 그거를 좀 정상화해서 아무래도 경제가 좀 숨통이 틔워지게 되면 모두에게 다 도움이 되지 않겠나.

저는 정부 정책의 타게팅은 중산층과 서민을 목표로 타게팅을 해야 되는데 그분들한테 직접 재정지원이나 복지 혜택을 주는 것도 필요하지만, 기업이 제대로 뛸 수 있게 해 줌으로써 시장 매커니즘이 역동적으로 돌아가게 만드는 것이 더 중산층과 서민에게 큰 도움이 된다고 생각하기 때문에 그렇게 하는 것이고, 저는 어떤 정부든지 간에 중산층과 서민을 타겟으로 하지 않은 그런 정책을 만약에 세운다면 그거는 옳지 않다고 생각합니다. 직접적이냐 간접적이냐의 차이가 있을 뿐이지. 또? (엘리베이터 쪽으로 돌아섬)

기　자 여사님 오늘 일정에 함께 하시는데 이번 주 일정 꽤 있으셨던 거 같은데 앞으로 공개 행보가 넓어질 계획이 좀 있으신 건가요?

윤석열 오늘 일정도 역대 그 대통령 부부가 다 참석했다고 하니까 어? 가는 거지. 뭐 특별한 뭐가 있겠습니까? 네.

野 '신색깔론' 공세에 "국민 보호, 국가 첫째 의무"

2022년 06월 20일

윤석열 그래, 주말들 잘 쉬셨어요? (네에) 1층에서 하니까 어떻습니까? (웃음) (좋습니다) 그래.

기　자 대통령님, 그 박순애·김승희 장관 후보자에 대한 인사청문요청 보고서 오늘 재송부 요청하실 건지 궁금합니다.

윤석열 글쎄, 아직 … 저, 오늘이 재송부 요청하는 날입니까? (웃음) (어제로 기한이 끝났습니다) 글쎄 의회가 좀 원 구성이 되는 거를 기다리려고 하는데, 한번 올라가서 한번 저, 우리 또 참모들하고 의논을 좀 한번 해보겠습니다.

기　자 대통령님, 그리고 미국 연준에서 기준금리를 많이 올렸고 전세계적인 경기 침체가 우려가 되는데 거기에 대해서 대책 좀 있으신지 여쭤보고 싶습니다.

윤석열 글쎄 이게 지금 뭐, 통화량이 많이 풀린데다가 지금 고인플레이션 고물가를 잡기 위해서 지금 전세계적으로 고금리 정책을 지금 쓰고 있는 마당에 생긴 문제들이기 때문에 이거를 근본적으로 어떻게 대처할 방도는 없습니다. 그렇지만 정부의 정책 타깃은 우리 중산층과 서민들의 그 민생 물가를 어떻게든 최선을 다해 잡기 위해서 노력하고 있습니다.

기　자 어제 비상경제장관회의서 그 유류세를 낮추고 어떠한 대책들을 이제 충분히, 법 개정을 제외한 나머지 것들을 다 한 상황인데 지금 이제 금리와 물가가 계속 올라가는 상황이라서 나중에 추가적인 대책을 낼 때는 법 개정이 필요한 상황이 올 텐데, 그때는 어떻게 하실 건가요?

윤석열 앞으로는 법안을 제출해야죠. 지금 국회가 아직 원 구성이 안되기 때문에 국회가 정상 가동이 됐으면 법 개정 사항들도 법안을 냈을 겁니다. 그리고 국민들이 지금 숨이 넘어가는 상황이기 때문에 법 개정이 필요한 정책에 대해서는 그거는 뭐 초당적으로 대응을 해 줄 거라고 저는 생각합니다. 네.

기　자 대통령님 서해 공무원 피살 사건 말고도 지난 정부에서 공개를 거부해가지고 이제 뭐 법적 절차가 진행 중인 건들도 있는데 필요하다면 청와대에서 지난 전임 정부에서 공개를 거부했던 자료들이 공개될 필요성이 있다는 얘기에 대해서는 어떻게 생각하시는지 궁금합니다.

윤석열 글쎄, 저는 늘 어떤 그 자유민주주의와 법치라고 하는 우리 헌법 정신을 정부가 솔선해서 할 수 있는 일을 해야 하지 않느냐 하는 입장을, 제가 전 정부의 중앙지검장이나 검찰총장 때부터도 늘 가지고 있었습니다. 그 생각에는 변함이 없고, 그래서 국민들께서 국가가 국민 보호가 국가의 첫째 임무인데 그런 부분에 대해서 국민들이 의문을 가지고 계시고 이런 게 있으면은 정부가 거기에 대해서 뭐 소극적인 입장을 보이는 게 마땅하지 않다 … 문제가 있지 않느냐, 그래서 그 부분을 한번 잘 검토를 해보겠습니다. 네.

기　자 오늘 공공기관 경영평가 발표를 기재부에서 하는데요, 문 정부에서 임명됐던 분들에 대해서 소위 알박기라고 국민의힘에서 비판도 많이 했습니다. 대통령님께서는 어떻게 보시는지.

윤석열 하여튼 뭐 공정하게 해야지요. 음, 네. 원칙에 따라서 공정하게 하겠습니다. 네.

(고개 끄덕하고 돌아서 이동하다가 돌아섬)

기   자 서해 피살 공무원 사건 관련해가지고 민주당에서는 신색깔론이다, 이렇게 이야기를 하고 있는데요. 이거에 대해서는 어떻게 생각하십니까?

윤석열 법과 원칙에 따라서 공정하게 처리하겠습니다.

(이동)

기   자 대선 때 약속하셨던 조용한 내조 끝난 건가요?

(답변 없음)

고금리·가계부채에 "근본 해법 어려워 … 리스크 관리 필요"

2022년 06월 21일

윤석열 그래요. 좋은 아침입니다.

기   자 대통령님 오늘 박순애, 김승희 후보자 재송부 요청하시는데 국회에서 원 구성이 안 되면 언제까지 기다리실 것으로 생각하시나요?

윤석열 글쎄, 오늘 안 하는데 (웃음) 조금 있다가 나토 가기 전에 시간을 좀 넉넉히 해서 보내기로 했습니다.

기   자 대통령님, 합참의장 후보자도 시간을 두고 재송부 요청하시나요?

윤석열 사실은 합참의장 같은 경우는 오래 기다리기는 좀 어려운 면이 있는데 어쨌든 조금 있어 보겠습니다.

기   자 2019년에 탈북어민 북송사건이 있었는데 여기에 대해 여당에서 진상을 규명해야 한다고 하는 요구가 있습니다. 혹시 정부 차원에서 들여다볼 계획이 있으신지요.

윤석열 그거 아직 검토 중인데 옛날부터 좀 국민들이 문제를 많이 제기하지 않았습니까. 일단 우리나라에 들어왔으면 우리 헌법에 따라서 우리 대한민국의 국민으로 간주가 되는데 북송시킨 것에 대해서는 많은 국민들이 좀 의아해하고 문제 제기를 많이 했는데 한번 들여다보고 있는 것 같습니다. 저도 아직 구체적인 보고는 받지 못했습니다.

기   자 공공기관 경영평가 보셨을 텐데 혁신 방향에 대해 구상이 있으신가요?

윤석열 경제가 어려울 때는 우리가 전통적으로 늘 공공부문이 먼저 솔선해서 허리띠를 졸라맸습니다. 지금 나라 전체 여건도 어렵고 또 매년 하는 정기적인 공공기관 평가 결과 적자가 나오거나 경영이 좀 부실했거나 하게 되면 또 거기에 따라, 이번 정부라고 해서 특별한 조치를 하는 게 아니라 과거부터 해온 그 방식과 저 절차에 따라서 그렇게 하게 될 겁니다.

기　자 나로호가 오늘 발사되는데 소감 한 말씀. 죄송, 누리호죠.

윤석열 (웃음) 이따가 원래는 가려고 그러다가 과천에 오늘은 용산에서 영상을 통해서 볼 계획인데 보고 나서 소감을 말씀드려야지 미리. (웃음)

기　자 주택담보대출 금리가 8퍼센트 임박하고 가계부채 1900조원에 육박하는데 이런 사태에 진단과 해법은 무엇인가요? 그리고 시기적으로 언제쯤 나올 수 있을까요?

윤석열 글쎄 뭐 이게 고물가를 잡기 위한 전 세계적인 고금리 정책에 따른 자산 가격의 조정 국면이기 때문에 이걸 우리 경제정책 당국이라고 해서 여기에 대해서 근본적인 해법을 내기는 어렵고요. 하여튼 리스크 관리를 계속 좀 해나가야 될 거 같습니다.

기　자 오늘 행안부 경찰제도개선위원회 경찰 통제 관련해서 방안을 발표하는데요. 검수완박 후속 조치로 경찰 비대 권력 견제에 동의하시나요?

윤석열 글쎄 뭐 권고안 내용은 제가 보지를 못해가지고.

기 자 민주당이 서해 공무원 관련 SI 공개할 테면 하라는 취지로 얘기
하는데 어떻게 생각하시나요?

윤석열 거기에 대해선 저도 SI라고 하는 것이 그게 아마 국민들께
그냥 공개하는 것이 간단한 문제가 아니라고 저는 생각을
하고, 그런 걸 공개하라고 하는 그 주장 자체는 좀 받아들
여지기가 어렵지 않나 싶은데 한번 검토를 좀 해보겠습니다.
어떤 건지.

"경찰, 자체 추천 치안감을 그냥 보직 … 중대한 국기문란"

2022년 06월 23일

윤석열 잘들 쉬었습니까? (좌우 둘러보며) 질문이 없나 보지 오늘은? (웃음)
어디서부터 할까? 여기 가까운 분부터.

기 자 검찰총장 없이 한동훈 법무부 장관이 검찰 간부들을 인사를 하면서 식물총장이라든지 뭐, 총장 패싱에 대한 우려가 나오고 있는데요, 어떤 입장인지 궁금합니다.

윤석열 뭐, 검찰총장이 식물이 될 수 있겠습니까? 검찰총장은 전국 검찰의 수사를 지휘하는 사람이기 때문에, 그리고 어차피 검사에 대한 인사권은 장관의 제청을 받아 대통령이 하는 겁니다. 그리고 저는 그런 저 … 그 검사나 경찰에 대해서 책임 장관으로서 인사권한을 대폭 부여를 했기 때문에, 아마 우리 법무장관이 이런 능력이라든지 이런 것들을 감안해서 제대로 잘했을 것으로 저는 보고 있습니다.

기 자 총장 공백 길어지는 와중에 법무부 중심으로 이제 인사가 계속되면서 수사기관의 독립성이나 중립성을 훼손되는 것 아니냐는 지적이 있는데, 그거에 대해선 그럼 동의도 안 하시는 건가요?

윤석열 수사는 진행이 되면 어디 외부에서 간섭할 수가 없어요. 간섭하면, 수사, 그 간섭하는 데 가만히 있으면 그게 수사기관이겠습니까? 그런 거는 뭐 걱정 안 하셔도 될 거 같고, 중요한 거는 그런 장관의 문제가 아니라, 과거에 청와대에 직접, 그래서 내가 민정수석 없애겠다고 하지 않았습니까? 그래서 뭐 과거에 많을 때는 100명 가까운 경찰 인력을 파견받아가지고 청와대가 직접 그 권력기관을 움직였는데, 저는 그것을 그 … 담당 내각 장관들에게 맡기고 우린 민정수석실도 없애고, 또 정무수석실에 치안

비서관실도 안 됐지 않습니까. 그렇기 때문에 필요한 국민에게 올바른 서비스를 하기 위해서 필요한 통제는 하되, 또 이런 수사라든지 소추라든지 등 이런 준사법적 행위에 대해서는 저는 철저하게 자기 책임 하에서 할 수 있도록 그렇게 구조를 짜고 있습니다.

기　자 행안부 내 경찰국이 신설되는 걸 두고, 경찰 독립성이 좀 저해되는 것 아니냐 내지는 과거로 회귀하는 것 아니냐라는 지적도 있습니다. 어떻게 생각하시나요?

윤석열 글쎄, 아직 행안부로부터 구체적인 보고는 받지 못했습니다마는, 경찰보다 더 어떻게 보면 중립성과 독립성이 강하게 요구되는 검사 조직도 법무부에 검찰국을 두고 있습니다. 그러니까 과거에 경찰은 아까 말씀드린 대로 굉장히 많은 인력의 경찰을 청와대가 들여다 놓고 직접 통제를 했거든요. 그리고 만약 저처럼 그걸 놓는다고 하면은 그러면 당연히 그 … 치안이나 경찰 사무를 맡고 있는 내각의 행안부가 거기에 대해서 필요한 지휘 통제나 이런 것들을 하고, 그리고 또 독립성이나 중립성이 요구되는 사무에 대해서는 그건 당연히 헌법이나 법률에 따라서, 원칙에 따라서 아마 이뤄질 것으로 저는 보고 있습니다.

기　자 근데 치안감 인사가 두 차례 발표됐잖아요. 혹시 관련해서 보고를 받으셨습니까?

윤석열 제가 보고를 그 뭐 … 언론에서 뭐 번복이 됐다는 보고를 받아서, 그 기사를 보고, 어떻게 됐는지 알아봤더니 참 어이가 없는 일이 벌어졌습니다. 경찰에서 행안부로 그 자체적으로 추천한 인사를 그냥 보직을 해버린 거에요. 그건 말이 안 되는 얘기고, 이거는 어떻게 보면 국기문란일 수도 있고, 인사권자는 대통령입니다. 그리고 아직 대통령 재가도 나지 않고, 행안부에서 또 검토해서 대통령에게 의견도 내지 않은 상태에서 그러한 인사가 밖으로 유출이 되고, 이것을 또 언론에다가 마치 인사가 번복된 것처럼 이렇게 나간다는 자체는 아주 중대한 국기문란 아니면 이거는 어이없는, 공무원으로는 할 수 없는 그런 과오라고 볼 수 있습니다. 그래서 저는 참 … 어떻게 보면 황당한 이런 상황을 보고, 또 언론에서는 마치 무슨 치안감 인사가 번복됐다고 하는데, 그건 머 번복된 적도 없고, 그리고 저는 행안부에서 나름대로 검토를 해가지고 올라온 대로 재가를 했습니다. 네.

기 자 대통령님 그리고 이번에 BTS 활동 중단을 계기로요 윤상현 의원이나 국민의힘 일각에서 문화예술인에 대한 병역특례 다시 논의하자 이런 이야기도 나오고 있는데요 여기에 대해서 입장 있으신가요?

윤석열 그걸 뭐 대통령이 먼저 입장을 밝힐 것이 아니라 국민들께서 그걸 어떻게 바라보시는지, 그런 국민들의 생각과 여론에 따라서, 법에 정해진 대로, 아니면 국민들의 여론이 그렇다면 관련 규정

을 저 … 국회에서 고칠 수도 있겠고, 제가 지금 먼저 언급할
사항은 아니라고 생각이 됩니다.

(이동)

기　자 대통령님, 최저임금 관련해서 …

주52시간 개편론에 "아직 정부의 공식 입장으로
발표된 건 아니다"

2022년 06월 24일

윤석열 질문 준비 많이 하셨어요? 하하하.

기　자 대통령님 어제 김승희-박순애-김승겸 후보자 재송부 했는데
　　　 혹시 나토 다녀오신 뒤에도 원 구성이 되지 않으면 임명을 좀
　　　 하실 계획인가요?

윤석열 글쎄, 뭐 시간을 좀 넉넉히, 보통 재송부 3일 하잖아요. 근데 뭐 쫌 5일인가 일주일인가 한 거 같고, 나토 다녀와서 판단해보겠습니다.

기 자 어제 국기문란까지 말씀하셨는데 (순서대로) 김창룡 청장에 대한 자진사퇴 압박 염두에 둔 건가요.

윤석열 뭐 임기가 이제 한 달 남았는데, 예? 뭐 그게 중요합니까.

기 자 북한이 전쟁 억제 강화 중대 문제 승인했다고 하는데 어떻게 보시고, 대응책이 있을까요?

윤석열 뭐 전쟁 억제? (중대 문제 승인했다고) 구체적인 문제는 뭔지는 내가 파악은 해봐야 하겠는데, 하는 것이고, 저희가 북의 동향과 거기에 대한 대응은 철저하게 준비하고 있습니다.

기 자 김성한 국가안보실장님이 대통령이 나토에서 국익 위해 한 몸 불사르겠다는 각오로 준비한다고 말했는데, 나토에서 계획한 국익이라는 게 뭘까요?

윤석열 유럽과 아시아의 여러 정상들이 오기 때문에 우리나라의 다양한 현안들, 또 수출과 관련된 문제라든지 이런 것도 필요하면 얘기를 할 수 있을 것 같습니다.

기　자 대통령님, 어제 발표한 새 정부 노동정책 중에서, 주 52시간 개
편을 두고 노동계에선 이게 주52시간제도 취지 반하는 거 다
반발하고 있는데 혹시 ….

윤석열 뭐 글쎄 내가 어제 보고를 받지 못한 게 오늘 아침 언론에 나
와서 제가 아침에 확인해보니까, 노동부에서 발표를 한 것이 아
니고 부총리가 노동부에다가 아마 민간연구회라든가 이런 데의
조언을 좀 받아가지고 어 … 노동시간 유연성에 대해서 검토해
보라고 얘기를 한 상황이고, 아직 정부의 공식 입장으로 발표된
건 아닙니다.

기　자 대통령님, 이준석 대표 징계 등 당내 갈등이 좀 심한 상황인데요.

윤석열 당무에 대해서는 대통령이 언급할 사안이 아닙니다.

기　자 용역 두고서도 ….

"우리 정부 인사 도덕성, 文정부와 비교 안 돼"

2022년 07월 4일

윤석열 마드리드 안 갔다 오신 분들은 어떻게, 좀 심심하지 않았습니까? 재밌게 보냈어요? 한 주?

기 자 나토 순방 마치셨는데 첫 해외 일정 소감 한번 부탁드립니다.

윤석열 글쎄 이 39개 정상들이 모인 그 다자 외교행사를 가서 보니까 뭐 … 어떻게 보면 총성 없는 전쟁을 각국이 하고 있고, 그리고 가치와 … 그 가치와 규범, 그리고 이 연대라는 이런 것을 가지고 어떤 정치 군사적인 안보나 경제 안보를 비롯한 이런 글로벌 이슈들을 해결하려고 하는 그런 치열한 노력들이 많이 보였습니다.

기 자 최근에 지지율이 조금 떨어지면서 그 데드크로스까지 가정하고 있는데 이게 인사문제라는 얘기가 있거든요, 좀 어떻게 보시는지 궁금합니다.

윤석열 저는 뭐 선거 때도 선거운동을 하면서도 지지율은 별로 유념치를 않았습니다. 별로 의미가 없는 것이고, 하여튼 제가 하는 일은 국민을 위해서 하는 일이니까, 국민만 생각하고 열심히 해야된다, 그 마음만 가지고 있습니다.

기 자 김승희 후보자 … 사실 지금 검찰 수사 대상도 됐고 여당서도 좀 부적절하다는 얘기 나오는데 임명 여부 어떻게 하실 계획이신가요?

윤석열 음 …, 저는 임명직 공무원에게 가장 요구되는 그 … 요건이라면 결국은 공무원이라고 하는 것은 국민의 먹고 사는 문제를 다루는 사람이고 국민의 재산을 결국은 책임지는 사람이라고 볼 수 있습니다. 그래서 자기가 맡을 업무에 대한 전문성과 역량이 저는 가장 중요하다고 보고, 우리 정부에서는 그런 점에서는 빈틈없이 사람을 발탁했다고 저는 자부하고, 전 정부에 비교할 바는 아니라고 생각합니다. 그리고 도덕성 면에서도 이 전 정부에서 밀어붙인 인사들을 보면 뭐 비교가 될 수 없다고 봅니다. 그러나 우리 정부는 다르기 때문에 우리 참모와 동료들하고도 좀 논의를 해보고 어찌됐든 심각하게 이제 그 장관 후보자들이 일을 해야 되기 때문에 가부 간에 신속하게 결론을 낼 생각입니다.

기 자 대통령님 순방 다녀오신 기간 동안 최저임금이 최저임금위원회에서 5퍼센트 정도 안을 발표했는데 이에 대한 생각을 좀 듣고 싶습니다.

윤석열 글쎄, 법상 그 최저임금이라는 것은 그 위원회에서 결정을 하게 돼 있고 대통령이나 정부가 관여할 수 없게 돼 있기 때문에, 거기에 대해서는 제가 뭐라고 얘기할 입장은 아닙니다만, 지금 하여튼 어려운 이 경제 위기를 극복을 하려면 다 함께 힘을 합쳐야 된다고 생각합니다.

(엘리베이터로 이동)

"전 정권 장관 중에 이렇게 훌륭한 사람 봤어요?

2022년 07월 5일

윤석열 그래. 장마가 오려는지 날이 많이 습합니다.

기　자 대통령님, 송옥렬 후보자라든지, 박순애 부총리, 또 김승희

전 후보자 같은 경우에 부실 인사라든지 그런 인사 실패라는
지적 ….

윤석열 그럼 전 정권에 지명된 장관 중에 이렇게 훌륭한 사람 봤어요?
또 다른 질문.

기　자 대통령님, 인사 취재를 하게 되면 가장 많이 듣는 말이 인사는
대통령이 책임을 진다, 이 말인데 …

윤석열 그렇습니다.

기　자 지금 이 반복되는 문제들 사전에 충분히 검증이 가능한 것들이
많았거든요?

윤석열 다른 정권 때하고 한번 비교를 해보세요. 사람들의 자질이나
이런 것을.

이준석 징계에 "당무에 대해 언급 부적절"

2022년 07월 8일

윤석열 앞에 동선을 좀 바꾸니까 어떻습니까? (웃음) 괜찮아요? 우리 사진 찍는데 괜찮아요?

기 자 오늘 비상경제회의 처음 주재하시는데 각오 한 말씀 부탁드리겠습니다.

윤석열 어제도 재정전략회의를 했고, 오늘은 이제 민생 위주로 비상경제회의를 하는데, 지금 여러분들 다 아시다시피 전세계적으로 경제위기 아닙니까. 그러니까 우리가 이제 여기서 제일 중요한 거는 공공부문의 긴축은 불가피합니다. 여기서 긴축을 해서 돈을 … 어려운 분들이 경제 위기에 더 어렵거든요. 그분들한테 좀더 두텁게 지원을 하고, 그리고 아무리 어렵더라도 우리가 집안이 아무리 어려워도 아이들 공부시키고 해야 되듯이, 국가의 성장동력에 대해서는 또 과감히 투자하지 않을 수가 없습니다. 그래서 어제 재정전략회의에서는 이제 미래의 성장동력인 교육, R&D, 지출구조조정을 해서 이런 데에 쓰는 문제고, 오늘은 이제 이런 민생문제, 물가라든지 뭐 여러 가지 생필품의 가격이라든가 이런 거를 어떤 식으로 우리가 관리를 할 건지 이런 거에 대해서 어제도 내각의 전체가 모였고, 오늘도 내각이 다 옵니다. 앞으로는 필요한 관련 장관들만 오겠지만 오늘까지는 일단 여기에 대해서 비상한 좀 각오를 다 함께 다져야 됩니다.

기 자 이준석 대표 징계 나왔는데, 새 정부 출범 이후 두 달 만에 국정 혼란이랄까, 여당에서 혼란이 일어났는데 어떻게 생각하세요?

윤석열 글쎄 뭐 저도 국민의힘의 당원의 한 사람으로서 참 안타깝습니다. 그러나 대통령으로서 늘 제가 말씀드렸지만 당무에 대해서 언급하는 것이 적절하지 않고 그게 그 당을 수습하고 또 국민의 기대에 부응하는 당으로 이렇게 해 나가는 데 대통령이 거기에 대해서 언급하는 것이 도움이 안 된다고 생각을 합니다. 그래서 하여튼 그 당의 의원들과 모든 당원들이 힘을 합쳐서 어려움을 조속히 잘 극복해 나갈 것을 좀 기대하고 있습니다.

기 자 대통령님 영국에 보리스 존슨 총리가 사임을 했는데 이에 대해서 코멘트 하실 생각 있나요?

윤석열 글쎄, 저도 뭐 그 나토 때 만나 뵀는데 굉장히 아주 다이내믹하고 그런 분이라고 생각을 했어요? 그런데 영국의 뭐 이런 구체적인 내부 상황에 대해서는 저도 잘 챙겨보지를 못했습니다.

기　자　대통령님 나토 가시는 동안 민간인의 그 공군 1호기 탑승 논란도 있어서 6촌 채용 문제도 있고 민주당에서 그걸 가지고 권력을 사유화한다라는 비판도 있었는데요, 어떤 입장인지 궁금합니다.

윤석열　뭐 나토 수행 그 팀 문제는 대변인이 이미 말씀을 드린 거 같고, 그리고 뭐 친척 문제를 거론을 하시던데 제가 정치를 처음 시작할 때부터 이마 캠프에서 그리고 우리 당사에서 공식적으로 열심히 함께 선거 운동을 해온 동지입니다.

(이동)

기　자　대통령님 국정원 고발사건 관련돼서는 …

"여러분들 다 (코로나) 조심하세요"

2022년 07월 12일

윤석열 대통령이 출입기자단 내 코로나19 확진자 발생을 이유로 출근길 도어스테핑(약식회견)을 지난 11일 잠정 중단했다가 하루만인 12일 재개했다. 다만 코로나19 재확산 상황을 고려해 윤 대통령과 취재진은 10미터 정도 떨어진 거리에서 큰 소리로 묻고 답하는 원거리 회견으로 진행됐다.

윤석열 저, 코로나가 여러 분이 확진이 됐다고 그래서, 글쎄, 여러분들 가급적 좀 재택근무를 권고하고, 그렇게 여러분들과 청사에 근무하시는 분들 안전을 좀 지키라고 했는데 다들 나오신다매? (웃음)

기 자 이 정도로 도어스테핑 하시는 건 좀 어떠세요?

윤석열 하하하, (손가락 가리키며) 뭐 물어볼 거 있으면 물어봐요 그럼. 한 개만 하고 들어갑시다. 오늘.

기　자 코로나 재유행되고 있는데 …

윤석열 크게.

기　자 코로나 재유행하고 있는데 방역은 좀 어떻게 하실 계획이신지.

윤석열 아 내가 어제요, 질병청장하고, 그리고 국가감염병대응위원회 위원장님하고 복지부 차관, 이런 분들 어제 여기 와서 회의를 했는데 내일 아마 총리 주재로 중대본 회의가 열릴 겁니다. 거기서 뭐 기본적인 방침을 내일 발표할 겁니다.

기　자 지금 경제상황이 많이 어렵습니다. 어제 추경호 부총리 보고도 받으셨을 텐데요, 가장 좀 주력을 두고 당부하신 부분이 있으실까요?

윤석열 예를 들어 중요한 건, 서민들의 그 … 민생이 경제위기로 타격을 받지 않도록 해야 되는 거니까. 오늘 너무 많이 묻는데? 하하하. 그래요 여러분들 다 조심하세요. 어? 괜찮으면 요 앞에다가 나중에 (프레스 라인을) 칩시다.

기　자 대통령님, 내일도 하실 거예요?

윤석열 뭐 이거야 하면 안 되겠어요? (웃음) 여러분들도 괜찮아지면 요 앞에다가, 며칠 있다가 (포토라인) 칩시다. (손 흔듦) 그래요, 다들 주의 많이 하십시오.

"변양균, 여러분들의 추천 있었다"

2022년 07월 15일

(마스크 쓴 채 차에서 내림)

윤석열 좀 많이 (프레스라인을) 당겼네? 좀 어떻게, 이제, 더 (코로나19가) 확산은 안 되는 모양이죠?

강인선 대변인 "예, (대통령실 출입기자단 내에) 더 이상 확진자가 없습니다."

기 자 대통령님, 과거에 수사하셨던 변양균 실장님 지금 경제고문 위촉하실 예정인데 그 의미와 배경에 대해 한 말씀 여쭤봅니다.

윤석열 글쎄 뭐, 많은 분들이 추천을 하셨구요, 이제 과거에 이런 총수요 측면에서 거시경제 그 방향을 잡아왔는데, 변양균 전 정책실장은 그 혁신이라는 측면에서, 공급 측면에서 4차 산업혁명 그 산업구조에 부합하는 그런 철학을 아주 오래 전부터 피력하신 분이라 여러분들의 추천이 계셨습니다.

기　자 대통령님, 비상경제회의에서 어제 빚 내서 투자한 '빚투' 청년들을 구제하는 방안도 포함이 됐는데, 여기에 대해 일부 상실감을 느낀다거나 혹시 투기를 부추기지는 않을까라는 목소리가 나오는데 여기에 대해선 어떻게 생각하시는지요?

윤석열 금융 리스크는 비금융 이런 실물 분야보다 확산 속도가 엄청나게 빠릅니다. 그래서 완전히 부실화돼서 정부가 뒷수습을 하기보다는, 선제적으로 적기에 조치를 하는 것이 국가 전체의 이런 후생과 자산을 지키는 데 긴요한 일이라고 저는 판단하고 있습니다.

"원칙론 이외에는 제가 따로 드릴 말씀이 없습니다"

2022년 07월 18일

윤석열 어떻게 주말들 잘 보내셨습니까?

기　자 대통령님, 그 강제 북송 사진이 공개됐는데 어떻게 보셨는지 하고요, 검찰(의) 국정원 조사 진행 중인데 어디에 초점을 두고 진행할지 궁금합니다.

윤석열 대통령은 모든 국가의 사무와 헌법과 또 법률에 따라서 진행이
되어야 된다 하는 그런 원칙론 이외에는 제가 따로 드릴 말씀이
없습니다.

기　자 잇단 채용 논란에 윤석열식 공정이 무너졌다라고 국정조사 요
구 목소리까지 있는데 혹시 다시 인사 전반을 짚어볼 계획이 있
으신지요?

윤석열 뭐, 다른 말씀 또 없으세요? (오른손 흔들며) 자, 오늘 하루 잘
보내시고.

지지율 하락에 "원인을 알면 잘 해결했겠죠"

2022년 07월 19일

윤석열 (기자들이) 앞으로 좀 많이 나오셨나?

강인선 대변인 "아니요 그대롭니다."

기　자 대통령님 오늘 옐런 재무장관 접견하시잖아요. 추가 대북제재
관련해서 구체적으로 어떤 논의하실 계획이신가요?

윤석열 글쎄 뭐 … 양쪽에 어떤 합의된 의제를 갖고 하는 건 아니고,
지금 이 한미동맹 … 을 이런 정치·안보 동맹에서 경제·안보 동
맹으로 더 구체화시키는 …, 지난 번에 바이든 대통령이 방한했
을 때 합의했던 내용들에 관해서 조금 더 아마 진전된 그런 얘
기들이 있지 않겠나, 이렇게 생각합니다.

기　자 대통령님, 대우조선 파업에 공권력 투입까지도 생각하고 계신지,
그렇다면 그 시기는 어느 정도 되는지 궁금합니다.

윤석열 아니 산업현장에 있어서, 또 노사관계에 있어서 노든 사든 불법은 방치되거나 용인돼서는 안 됩니다. 그리고 국민이나 정부나 많이 기다릴 만큼 기다리지 않았나, 그렇게 생각이 됩니다.

기 자 국정수행 부정평가가 지금 훨씬 높게 나오는데 그 원인을 어떻게 보시고 …

윤석열 원인은 언론이 잘 아시지 않습니까? 그 원인을 잘 알면 어느 정부나 잘 해결했겠죠. 열심히 노력하는 것 뿐입니다.

(집무실 이동)

⋙ ——— ◆ ——— ⋘

'이재용 사면'에 "일절 언급 않는 게 원칙"

2022년 07월 20일

윤석열 잘 쉬셨어요?

기자들 "안녕하세요." 인사

기 자 대통령님, 혹시 어제 그 기다릴 만큼 기다렸다면서 대우조선해양 관해서 말씀하셨는데요, 그 혹시 경찰력을 포함한 공권력 투입도 고심을 하고 계신 겁니까?

윤석열 질문이 좀 길다. (웃음) 짧게 해주시면 좋겠는데. 거기에 대해서는 더 답변 안 할게요. (고개 끄덕) 네.

기 자 대통령님, 지금 경제가 어렵다 보니까 재계에서 이재용 부회장 사면 요청을 하는데 그 사면 계획이 있으신가요?

윤석열 뭐 과거부터 사면 문제에 대해서는, 뭐 사전에 어떤 범위로 한다든지 그런 거에 대해서 일절 언급하지 않는 것이 원칙이었습니다. 또 없으세요?

기 자 어제 스타 장관이 많이 나와야 한다고 말씀하셨는데 그 발언 맥락 조금 더 한번 직접 설명을 …

윤석열 너무 당연한 얘기 아니겠습니까? 제가 과거에 검찰에 있을 때도 검사장들이나 검사들 중에 … 총장이 유명해지는 게 중요한 게 아니고 일들 잘 하고, 그렇게 해서 스타 플레이어들이 많이 나오는 조직이 성공하는 조직이다라는 얘기를 늘 해왔고, 그 맥락이라고 보시면 될 것 같습니다. 좋은 하루 보내세요.

대우조선 하청 파업에 "불법행위 풀어야"

2022년 07월 21일

기 자 대통령님, 대우조선 파업이 진정될 것 같아 보이다가 다시 장기화될 조짐이 보이는데 여기에 대해서 어떻게 보고 계십니까?

윤석열 뭐, 빨리, 불법행위를 풀고, 정상화시키는 게 국민 모두가 바라는 것이고, 그렇게 하는 것이 모두에게 도움이 되는 겁니다.

기 자 스타 장관 말씀하셨는데 관전평 지금까지 어떠세요? 만족하고 계세요? 도어스테핑 질문은 2개씩만 앞으로도 받으실 계획이세요? 적극적인 소통 …

윤석열 뭐 다른 질문 없으세요?

기 자 대통령님, 여름휴가 계획이 어떻게 되세요?

윤석열 글쎄, 아직 세우지 않았습니다.

기 자 가긴 가시나요?

윤석열 글쎄 뭐, 여러 가지 좀 어려운 상황들이 해소되면, 저 ⋯ 원래
는 그 여름휴가를 저도를 계속 갔다고 하는데, 거제도라서 생
각을 하고 있다가 대우조선 때문에 좀 어떻게 할지 지켜보고
있습니다.

기 자 대통령님, 어제 민주당 교섭단체 연설이 있었는데요. 비판이 과했
다는 지적이 일각에서 있는데, 대통령께선 어떻게 들으셨는지 궁
금합니다.

윤석열 글쎄 뭐, 야당의 정치인의 발언에 대해서 뭐 대통령이 거기에 대
해서 언급할 필요가 있겠습니까. 자, 오늘 즐거운 하루되시길
바랍니다.

❈────────❈

"법인세 인하, 기업 투자 활성화 목적"

2022년 07월 22일

윤석열 그래도 많이 안 모였나? 하하하

기자들 "안녕하세요." 인사

윤석열 그래요.

기 자 대통령님, 어제 그 세제개편안 발표가 있었는데요, 여러 기대효과도 있지만, 아무래도 이제 세수가 부족해질 수 있다는 우려가 있는데요, 그거에 대해 한 말씀 부탁드립니다.

윤석열 일단 법인세는, 그 국제적인 스탠다드에 좀 맞춰서 우리 기업의 대외 경쟁력도 강화하고, 또 투자도 좀 활성화시키려는 이런 목적이 있고, 또 소득세 과표구간 조정은 중산층과 서민이 세부담을 좀 감면하기 위한 것이고, 부동산 관련된 것은 이런 거래나 보유에 관한 징벌적 과세를 좀 정상화시켜서 중산층과 서민들에게 정부가 신속하게 제공하기에는 아무래도 시차가 걸리는 공공임대주택의 부족한 부분들을 민간임대로 또 보완하기 위한 그런 복합적인 정책들이 들어가 있다고 보시면 될 것 같습니다. 네.

기 자 대통령님, 이명박 전 대통령 사면 관련해서는 부정적인 여론이 큰데, 사면 숙고하실 때는 그러면 국민여론 같은 것도 좀 숙고하시는데 관련될까요?

윤석열 모든 … 어떤 국정이라고 하는 것은 그 어떤 목표, 또 헌법가치, 그런 거에 국민들께서 어떻게 생각하시냐 하는 그런 정서, 이런 것들이 다 함께 고려돼야 하지 않겠습니까. 너무 또 정서만 보면 현재에 치중하는 판단이 될 수가 있고, 우리는 또 미래 지향적으로 가면서도 현재 국민들의 정서까지 신중하게 감안할 겁니다. (양손 들며) 즐거운 하루 보내십시오.

기　자 미 국방부가요 북한이 이달 말에 핵실험 가능성이 있다는 보도가 나왔는데, 우리 정부는 좀 어떻게 예측을 하고 있고 대응책은 좀 어떤 게 있는지요?

윤석열 저희들은 이달 말뿐 아니라 그 취임 직후부터, 하여튼 뭐 준비는 다 돼 있고, 언제든지 결심만 서면 할 수 있는 상태에 있다고 저희는 보고 있습니다. 네. 자, 즐거운 하루 되시고요.

(집무실 이동)

경찰 집단행동에 "행안부·경찰청 잘 해나갈 것"

2022년 07월 25일

윤석열 주말들 잘 쉬셨습니까? (기자들 "네.") 오늘 제가 좀 한 20분 일찍 와서, 어. 다들 일찍 나오시느라고. 몇 시쯤 출근하세요? 기자

분들은. (한 기자 "30분 전에 옵니다." 답변) 30분 전에 오세요?

기　자 대통령님, 경찰국 신설 놓고 지금 총경 이어서 그 중간급들도 집단 행동 예고했는데 어떻게 좀 보시는지 궁금합니다.

윤석열 뭐 …, 저 행안부하고 경찰청에서 필요한 조치들을 잘 해나갈 것으로 보고 있습니다. 예.

기　자 오늘 대정부질문 첫날인데요. 장관들이 어떤 식으로 대답했으면 좋겠는지 이런 것들 좀 생각하고 계신 것들이 있는지 …

윤석열 글쎄 뭐, 대정부질문이라는 게 국회의원에게 답변하는 것도 있지만, 국민들에게 설명하는 것이기 때문에 국민들께서 잘 그 납득하실 수 있도록 잘 설명을 할 것으로 기대하고 있습니다. 그래요 자, 좋은 하루 보내세요.

"치안관서장 집단 반발, 중대한 국가기강문란"

2022년 07월 26일

윤석열 휴가 계획들 다 잡으셨습니까? (기자들 "네" 대답) 나는 다음 주에 가기로 했는데.

기　자 대통령님, 그 어제 출근길에 "이상민 장관, 행안부와 경찰청이 필요한 조치를 적절히 할 거다" 이렇게 말씀하셨잖아요. 이후에 나왔던 이상민 장관의 발언이나 대응들이 상당히 그 수위나 강경 대응 기조인데, 이런 강경 대응 기조가 대통령님 말씀하신 필요한 조치에 부합하는 행동이라고 보시는지 궁금합니다.

윤석열 뭐, 모든 국민들과 마찬가지로 저도 치안 관서장들의 이 집단 행동에 대해서 깊은 우려를 가지고 있습니다. 아마 어제 이 장관의 그 표현은 아마 그러한 국민들의 우려를 반영한 것이 아닌가 생각이 되고, 국방과 치안이라고 하는 것은 국가의 기본 사무고, 그 최종적인 지휘 감독자는 대통령입니다. 그리고 정부가 헌법과 법에 따라 추진하는 정책과 조직 개편안에 대해서는 집단적으로 반발한다는 것이 중대한 국가의 기강 문란이 될 수 있습니다. 오늘 경찰국 설치안이 국무회의 심의를 거칠 텐데, 뭐 다양한 의견이 존재할 수는 있는 것이지만, 국가의 기본적인 질서나 기강이 흔들려서는 안 될 것이라고 저는 생각합니다.

(엘리베이터로 이동하던 중 질문 나오자 돌아섬)

기 자 대통령님, 일본에서 후쿠시마 오염수, 원전 오염수 방류를 승인했는데, 그 국민적 우려가 나오는 것 같습니다. 혹시 대통령님께서는 어떤 대책 가지고 계신지요?

윤석열 아, 저는, 대선 때부터 그 오염수의 처리 문제는 주변 관련국들에게 투명하게 설명하고 그 동의를 받아야 한다고 주장해 왔습니다. 네.

"초심 지키겠다는 생각 휴가 중 더욱 다졌다"

2022년 08월 8일

윤석열 여러분들 오랜만이죠? (기자들 "예, 안녕하세요" 대답) 아, 오랜만에 뵙는 거 같은데 반갑습니다, 여러분들.

기 자 첫 휴가 복귀 소감 한 말씀 해주십시오.

윤석열 저도 한 1여 년 전에 정치를 시작하고 처음으로 이런 휴식의 시간을 가졌습니다. 지난 선거 과정, 또 인수위, 또 취임 이후 의 과정을 되돌아보는 그런 시간이었고, 돌이켜보니까 부족한 저를 국민들께서 불러내서, 또 어떨 때는 호된 비판으로, 또 어떨 때는 따뜻한 응원과 격려로, 이 자리까지 오게 해주신 국 민들께 감사하는 마음을 먼저 다시 한 번 갖게 됐고, 결국 제 가 국민들께 해야 할 일은, '국민들의 뜻을 세심하게 살피고 늘 초심을 지키면서 국민의 뜻을 잘 받드는 것이다' 하는 그 런 생각을 휴가 기간 중에 더욱 다지게 됐다고나 할까요? 그 렇습니다.

기 자 박순애 장관 자진사퇴 이야기도 나오고 지지율도 지금 20퍼
센트대 하락세이신데 인적쇄신 관련해서 어떤 입장인지 궁금
합니다.

윤석열 뭐 … 모든 어떤 국정동력이라는 게 다 국민들로부터 나오
는 거 아니겠습니까. 국민들의 관점에서 모든 문제를 다시 점
검하고 잘 살피겠습니다. 그리고 뭐 그런 문제들도 이제 바로
일이 시작이 되는데 올라가서 살펴보고 필요한 조치가 있으면
하고, 그렇게 일을 해 나가겠습니다. 어찌됐던 (한 기자 "대통령님
파이팅") 하하, 고맙습니다. 민주주의 정치라는 것이, 국정운영
이라는 것이 우리 언론과 함께 하지 않고는 할 수 없는 일이
니까 다시 이제 오랜만에 여러분들을 뵀는데 여러분들께 많이
도와주십사 하는 부탁을 드리겠습니다. 고맙습니다.

(돌아서서 집무실로 이동하다 질문 나오자 서 있던 자리로 되돌아옴)

기 자 대통령님, 우리 정부가 미국에 칩4 예비회의 참여할 것이라고 …

윤석열 뭐죠? 죄송합니다. 제가 아까 들어가느라고 못 들어서.

기 자 우리 정부가 미국에 칩4 예비회의에 참여하겠다고 미국 측에
지금 의사를 밝혔는데 이런 가운데 오늘 박진 장관이 방중을
합니다. 혹시 박진 장관께 어떤 주문을 하신 게 있는지 "중국
에 가서 어떻게 얘기를 해라"라고 한 게 있는지 궁금하고요,
그리고 칩4에 우리가 들어가야 하는지, 어떻게 할 것인지 궁
금합니다.

윤석열 음 … 지금 정부 각 부처가 그 문제는 철저하게 우리 국익의 관점에서 세심하게 살피고 있습니다. 뭐, 너무 걱정하지 않으셔도 저희들이 관련 부처하고 잘 살피고 논의해서 우리 국익을 잘 지켜내겠습니다. 걱정하지 마십시오.

(집무실로 이동)

기 자 대통령님 혹시 내부총질 문자에 대해서는 한번 설명하실 생각 없으신지 ….

경제인 사면에 "제일 중요한 것이 민생"

2022년 08월 12일

윤석열 (걸어 오며) 어, 며칠 만에 뵙습니다. 이번 주는 기상 관측 이래 (자리에 섬) 최대 규모의 집중호우로 많은 국민들께서 고통과 피해를 당하셨습니다. 정부는 국민들이 빠르게 일상으로 회복할 수 있도록 피해 지원과 응급 복구에 만전을 다할 것이고, 그 최대 규모의 집중호우가 기상이변에 의한 것이라는 점이 이번에 좀 확인이 됐고, 어떤 이변에 의한 이런 집중호우가 앞으로 나오더라도, 국민들께서 이런 수재를 입지 않도록 여러 가지 방지 대책을 근본적으로 강구할 생각입니다.

그리고 오늘은 여러분께서 다 아시다시피 광복절 사면을 위한 국무회의가 10시부터 시작될 예정입니다. 이번 사면은 무엇보다 민생과 경제 회복에 중점을 뒀다는 점을 말씀드리고, 구체적인 사면 내역은 국무회의가 끝나는 대로 정부 1청사에서 법무장관이 국민들께 자세히 설명을 해줄 것입니다.

오늘은 그리고 구테레시(안토니우 구테흐스) 유엔 사무총장께서 우리 용산 청사에 방문을 하시고 오찬을 함께 하게 돼 있는데, 이분께서는 포르투갈 총리를 마치고, 한 10여년 간 유엔 난민 고등판무관을 지내면서 탈북자의 강제 북송을 반대하는 것을 비롯해서 난민의 아버지로 불리우고 그동안 많은 국제 인권운동을 해오신 분입니다. 이분과 북핵이라든가 인권, 또 기후변화, 우크라이나 전쟁, 이런 다양한 이슈에 대해서 제가 구테레시 총장의 고견을 잘 듣는 그런 시간을 가질 계획입니다. 뭐 궁금하신 거 있으십니까?"

기 자 대통령님, 외교질문 하나만 드리겠습니다. (윤 대통령 "네" 대답) 사드 아니면 미국과의 반도체 협력 문제 등에 대해서 중국이 연일 좀 저희를 겨냥한 메시지를 내놓고 있습니다. 한국이 미국과 중국 사이에서 선택을 요구받는 듯한 외교 국면이 지속되는 거 같아서 현 상황에 대해서 대통령이 좀 어떻게 바라보고 계시고, 미국과 중국에 대한 우리 대한민국의 외교 원칙은 무엇이라고 말씀하실 부분이 있으신지 궁금합니다.

윤석열 제가 월요일 날 말씀을 드린 거로 아는데요, 우리의 외교 원칙과 기준은 철저하게 대한민국의 국익입니다. 그리고 불필요하게 어떤 나라와 마찰을 빚거나 오해를 가질 일이 없도록 늘 상호존중과 공동의 이익을 추구해 나갈 것이고, 그리고 한미 안보 동맹과 또 그 안보 동맹을 넘어서서 경제 안보까지 아우르는 이런 동맹은 우리가 추구하는, 전세계를 상대로 한 글로벌 외교의 기초가 된다는 말씀을 늘 드렸습니다.

기　자 경제인 사면에는 방점을 두시고 정치인은 배제라는 관측이 나오는데, 이런 기조로 결정하게 되신 배경이나 이유를 좀 더 여쭐 수 있을까요?

윤석열 지금 뭐 … 그 전세계적으로 이런 경제의 불안과 이런 변동성이 확대되고 있기 때문에, 제일 중요한 것이 민생이고, 또 민생이라는 것은 정부도 챙겨야 되지만 경제가 활발히 돌아갈 때 거기에서 또 숨통이 트이는 것이기 때문에, 거기에 방점을 둔 것입니다. 자, 오늘 하루 수고하시고, 또 궁금한 거 있으시면 대변인 통해서 말씀을 드리겠습니다.

'인적쇄신'에 "정치적 득실 따져 할 문제 아냐"

2022년 08월 16일

윤석열 네, 주말 잘 쉬셨습니까? (기자들 "네에" 대답) 지금 호우전선이 남쪽으로 이동을 해서 충남 서부권과 전북에 큰 피해를 초래하고 있습니다. 그래서 주택 침수나 농작물 피해가 많고, 그래서 관계 공무원들에게 피해 사항을 꼼꼼하게 챙겨서 신속하게 지원과 복구책을 강구하도록 지시를 했습니다. 지금 여기 수도권과 중부지역은 계속되는 호우로 인해서 지금 이 지반이 많이 취약한 상태기 때문에 산사태를 중점적으로 막기 위해서 진력을 다하고 있습니다.

오늘은 뭐 여러분들께서 다 아시다시피 빌 게이츠 이사장이 이 용산 청사를 방문합니다. 어려운 나라의 국민들이 그래도 공평하게 백신과 치료제에 접근할 수 있도록 많이 노력해 온 분이고, 저희도 경제적으로 어려운 그런 세계 시민들의 질병으로부터의 자유를 지키고 확대하는 데에 동참하기 위해서 오늘 소위 보건 정의에 대해서 빌 게이츠 이사장과 얘기를 나눌 그런 생각입니다. 뭐, 질문 있으시면."

기　자 대통령님, 어떻게 보면 대통령님만 답변을 주실 수 있는 사안
인 것 같아서 질문을 좀 드리는데요, 취임 100일을 전후해서 대
통령실에 변화가 있을 거라는 전망들이 많았지만 변화폭이라든
지 이런 것들은 좀 전망이 제각각이었습니다. 대통령님이 생각하
시기에 지금 이 시점에 대통령실의 인적 구성에 변화가 필요하시
다고 보시는지, 뭐 어느 쪽이든 간에 그렇게 생각하시는 이유가
어떤 것인지 좀 궁금합니다.

윤석열 네. 결국은 어떤 변화라고 하는 것은 결국은 국민의 그 민생
을 제대로 챙기고, 국민의 안전을 꼼꼼하게 챙기기 위한 변화
여야지, 어떤 뭐 정치적인 그 뭐, 득실을 따져서 할 문제는 그
건 아니라고 저는 생각하고 있고, 제가 그동안 취임 이후에
여러 가지 일들로 정신없이 달려왔습니다만, 휴가 기간부터
제 나름대로 생각해 놓은 것이 있고, 국민을 위한 쇄신으로서
꼼꼼하게 실속 있게 내실 있게 변화를 줄 생각입니다. 네, 고
맙습니다.

(오른 쪽으로 몸 돌려 집무실로 향하는 엘리베이터로 4걸음 이동하다
기자 질문이 나오자 뒤돌아서서 되돌아옴)

기　자 대통령님, 어제 경축사에서 일본과의 관계 개선을 말씀하시지 않
았습니까. 그런데 어제 경축사에서는 일본군 위안부 피해자와
강제징용 피해자에 대한 메시지가 없어서 아쉽다는 반응도 좀

있었는데요, 혹시 이분들에 어떤 피해 회복을 위한 해법이나 아니면 복안 같은 게 있으면 말씀 부탁드립니다.

윤석열 그건 지금 우리가 외교부하고 이 정부 출범 전부터 여러 가지 방안에 대해서 깊이 고민하고 있는 문제고요, 어제는 좀 일반적인 방향에 대한 얘기를 하기 위해서 좀 세부적인 얘기들은 들어가지 않았지만, 그 취지에 다 있다고 보시면 됩니다. 네. 위안부라고 그 위안부 문제 역시 인권과 보편적 가치와 관련된 문제 아니겠습니까? 예. 그렇게 이해해 주시면 될 거 같습니다.

"국민 말씀 충분하게 챙기고 받들겠다"

2022년 08월 18일

윤석열 어제 기자회견 취재하시느라고 애 많이 쓰셨습니다. 어제 회견의 취지는 국민의 말씀을 충분하게 챙기고 받들겠다는 것입니다. 오늘 오후에는 발달장애인들과 또 그분들을 도와주시는 분들, 또 부모님들을 찾아뵙고 그분들에 대한 국가의 정책에 반영할 부분이 없는지 현장을 살피는 일정을 갖고 있습니다.

여러분들도 이렇게 보시지만, 제 사무실과 이 1층 로비에 발달장애인들의 예술품들이 전시가 돼있습니다. 예술 분야에서 탁월한 성취를 해낸 분들도 계시지만, 전반적으로는 이런 사회 활동에 대단히 어려움을 겪고 있어서, 특히 결집된 목소리를 내기 어려운 분들을 국가가 적극적으로 찾아서 국민들이 공정한 기회를 받을 수 있도록 도와드리는 것이 우리 정부의 국정 철학입니다. 고맙습니다. 어제 애 많이 쓰셨습니다.

기　자 대통령님 오늘, 대통령님 …

(윤 대통령 고개 좌우로 돌리며 질문자 찾음)

기　자 대통령님, 어제 기자회견에서 (윤 대통령 "하하하" 웃음) 지역 이슈, 질문, 성과가 빠져 있어서 좀 아쉬움으로 남는다는 지적이 많았거든요. 앞으로 지역 이슈를 발굴하거나, 단기적으로 성과를 낼 목표가 있으면 말씀 부탁드립니다.

윤석열 음, 제가 우리 지역 균형발전의 문제는 기회의 공정의 문제라고 누누이 말씀을 드렸고, 어제는 복지, 지역 균형 뭐 이런 분야를 다 망라한 발표는 아니었고요, 정부가 바뀌면서 어떤 부분들이 중점적으로 변했는지, 거기에 중점을 두다 보니까. 또 지역 문제는 어제 그 항공우주산업의 전략적 발전을 위해서 대전, 전남, 경남에 이렇게 그 나사NASA를 모델로 한 이런 그 계획을 추진하겠다라고 어제 말씀을 드려서 지역 문제가 전혀 없는 건 아니었습니다마는, 어제는 그런 망라적인 건 아니었고, 지금 이제 지역 균형을 준비를 하고 있습니다.

그리고 대한민국 어디에 사나 공정한 기회를 누려야 된다는 면에서 저는 지역의 재정 자주권을 더 확대시키고 또 교통 인프라에 있어서 공정한 접근권을 보장하는 것을 기본으로 해서 균형 발전 계획을 이미 말씀드린 바 있고, 앞으로 지켜봐 주시기 바라겠습니다.

기　자 대통령님 한 가지만 더요 ….

(윤 대통령 답 없이 집무실로 이동)

"美 금리인상에 달러 강세 … 환율 리스크 잘 관리"

2022년 08월 23일

윤석열　여러분들도 아침 기사에서 보셨겠지만, 수원의 한 다세대 주택에서 세 모녀가 중증질환과 또 극심한 채무에 참 어려운 삶을 이어가면서 고통스러운 삶을 마감한 기사를 다들 보셨을 겁니다. 저는 우리 자유와 연대의 기초가 되는 이 복지에 관해서 그 동안 이런 정치 복지보다는 약자 복지로, 그리고 자신의 목소리 를, 어려움을 한목소리로 낼 수 없는 그런 약자들을 찾아서 이 분들의 어려운 삶을 배려를 하겠다고 국민 여러분께 말씀을 드 려왔는데 복지정보시스템도 제대로 작동이 안 되는 그런 주거 지를 이렇게 이전해서 사시는 분들에 대해서 어떤 특단의 조치 가 필요할 것입니다. 그래서 중앙정부에서는 이분들을 잘 찾아 서 챙길 수 있는 시스템을 만들고 자치단체와 협력해서 이런 일 들이 또 다시 발생하지 않도록 대통령으로서 어려운 국민들을 좀 각별히 살피겠습니다.

그리고 국민 여러분께서 지금 1340원까지 치솟은 환율 때문 에 많은 걱정을 하시고 계실 거 같습니다. 미국의 금리인상으 로 달러화가 한 2.9퍼센트 강세장이 됐고, 우리 원화와 유로 화가 2.8퍼센트, 또 파운드화가 3.1퍼센트, 엔화가 2.7퍼센트 하락세를 보이고 있는 그런 상황입니다. 이런 달러 강세와 원 화 약세의 통화 상황이 우리 시장에 부정적인 영향을 미치지 않도록 비상경제대책회의 등을 통해서 리스크 관리를 잘 해 나가겠습니다.

지금 우리 경제의 대외적인 재무건전성에는 큰 문제가 없지만, 이것이 수입 물가를 상승시키고 국제수지를 악화해서 우리 시 장에 부정적인 영향을 미칠 수 있기 때문에 이 부분들을 국민들 이 불안해 하시지 않도록 잘 관리를 해 나가겠습니다."

기　자 함께 일을 하셔야 할 1기 내각 인선이 늦어지고 있는데요, 교육부, 복지부 장관으로 어떤 점에 주안점을 두고 좀 살펴보시고, 언제쯤 인선을 알 수 있을지 궁금합니다.

윤석열 지금도 열심히 또 찾으면서 동시에 검증도 해나가고 그렇게 하고 있고, 지금 뭐 현재는 새로운 어떤 교육정책이라든가 새로운 어떤 복지 아젠다들 지금 보여드리고 있는 상황은 아직 아니기 때문에, 기존에 진행되는 일들은 우리 이번 정부에서 임명한 차관들과 또 대통령실에 수석들과 잘 협조해서, 지금 그런 일들은 복지와 교육 문제는 지금 원만하게 진행이 되고 있고 다들 신속하게 장관 후보를 발표하도록 그렇게 하겠습니다. 네.

✦━━━●━━━✦

與 '새 비대위'에 "중지 모은 결론 존중해야"

2022년 08월 29일

윤석열 오늘 우리 기자분들이 더 많이 나오신 거 같습니다. 지난주에는 제가 암사시장과 대구 서문시장을 방문을 했습니다. 아 … 여러가지 어려운 경제 상황 속에서도 열심히 생업에 종사하신 분들을 뵙고 정말 고맙다는 마음과 죄송한 마음을 함께 가졌습니다. 어제 고위 당정 회의에서 기본적으로 국민에게 제일 어려움을 주는 것이 물가인 만큼, 하여간 추석까지 최소한 추석 성수품에 대해서는 1년 전 물가 수준을 유지하기로 최선을 다해서 유지하기로 이렇게 방침을 잡았고요, 그리고 이번 수해로 인한 재원, 재난지원금이 피해가구와 소상공인에게 추석 전까지 확실하게 지급될 수 있도록 하기로 했습니다.

지금 뭐, 나랏빚이 또 몇 년 사이에 많이 늘어서 이게 1000조에 육박을 하고, 또 우리가 물가와 전쟁을 해야 하는 상황이라 정부도 긴축을 할 수밖에 없는 입장이라는 거 국민 여러분들 다 아실 겁니다. 그렇지만 서민, 어려운 분들, 또 우리 미래를 위한 투자, 돈 쓸 때는 확실하게 쓰겠습니다. 하여튼 우리 국민 여러분 어려운 가운데에서도 최선을 다하고 계신데, 저도 대통령으로서 또 이번 주에 열심히 일하겠습니다. 네. 또 뭐, 궁금하신 거 있으면 ….

기 자 대통령님, 지금도 말씀하셨지만 연일 민생 강조하고 계신데 민생 현안 해결하기 위해서는 야당과 협력이 필요한 부분도 많은 것으로 알고 있습니다. 어제 민주당 지도부가 새로운 진용을 갖췄는데요, 민주당 신임 대표와의 만남을 포함한 야당과의 협치에 대해서 대통령님이 가지고 계신 생각이 좀 궁금합니다.

윤석열 저는 야당을 포함해서 국회와 함께 일을 해 나가야 된다고 생각을 하고 있고요, 늘 또 그런 말씀을 드렸고, 국익과 여야라는 것이 경쟁도 하지만 국익과 민생을 위해서는 하나가 되어야 한다고 생각합니다.

기　자 추석 전에 비서관급 참모진 중폭 개편 가능성이 있고, 내부감찰도 보강하고 있는데 인적 쇄신에 이렇게 나서게 되신 배경이나 논의가 좀 있었는지 궁금합니다.

윤석열 이 대통령실이라고 하는 것은 국민에게 가장 헌신적이고 가장 유능한 그런 집단이 돼야 국민에게 제대로 봉사할 수가 있고, 가장 중요한 기관이기 때문에 늘 그런 국가에 대한 헌신적인 자세, 그리고 업무 역량 이런 것들이 늘 최고도로 유지되어야 된다고 생각합니다.

기　자 대통령님, 여당 지도부 공백 상황이랑요, 또 여기에 대해서 대통령님께서 일정 부분 역할을 해주셔야 한다는 지적이 나오고 있는데 어떻게 보시는지 궁금합니다.

윤석열 저는 우리 당의 의원과 또 우리 당원들이 중지를 모아서 내린 결론이면 그 결론을 존중하는 것이 맞다고 생각하고, 그리고 충분히 합리적인, 또 당과 국가의 장래를 위해서 합당한 그런 결론을 치열한 토론을 통해서 잘 낼 수 있을 거라고 믿습니다. (고개 끄덕) 자, 이번 주에 또 즐겁게 보내시죠.

"재무건전성, 크게 걱정할 상황은 아냐"

2022년 09월 2일

윤석열 어제 석간하고 오늘 조간을 보면은 역대 최대의 무역수지 적자를 다루고 있습니다. 우리 지난 8월에 역대 최대의 수출을 기록했습니다. 아 그렇지만 우크라이나 사태를 비롯한 그 공급망 불안으로 해서 원유와 원자재 수입가가 급상승을 하다 보니까 이런 소위 상품 교역에서 있어서의 무역수지 적자폭이 컸습니다마는, 서비스 부분을 포함한 경상수지에 있어서는 약 300억불 이상의 흑자로 전망을 하고 있습니다. 그래서 우리의 대외 … 재무건전성에 대해서는 크게 걱정할 상황은 아닙니다.

그렇지만 이번 하반기에 우리 주요 수출 품목인 반도체 가격이 하락할 것으로 예상하고 수입 물가가 계속 상승할 것으로 보이기 때문에 지난 수요일 부산 신항에서 수출경쟁력 강화와 해외 인프라 수주에 관한 저희 관계 장관들을, 그리고 우리 기업인들과 함께 … 간담회를 갖고 그 대책을 저희가 마련했습니다. 그리고 원자력 발전소와 방산, 특히 해외 건설 수주에 박차를 가해서 중장기적으로 수출 규모를 더 키우는 그런 전략을 세워나갈 테니까 국민 여러분께서는 정부를 믿고 하여튼 불안해 하지는 않으셔도 될 거 같다고 이렇게 말씀을 드립니다.

그리고 지금 뭐 누차 말씀을 드렸습니다마는, 정부의 국가 부채가 지금 뭐 1000조에 달하고 있고 그리고 물가를 지금 잡는 것이 최우선이기 때문에 정부는 긴축재정을 쓰지 않을 수가 없습니다. 그래서 최우선적으로 공공부문에 대한 긴축을 지금 추진해 가고 있는데 공무원과 공공부문 종사자 여러분의 그 협조를 당부드리고 또 어려울 때 늘 국민에 대한 봉사자로서 그 이런 어려움을 감수하고 있는 공무원과 공공기관 여러분께도 고맙다는 말씀을 드립니다.

그렇지만 제가 어제도 위기가구 적출을 위한 어제 회의도 했었고 독거노인 어르신도 찾아 뵀었는데 우리 정부가 도와드려야 될 사회적 약자는 촘촘하게 다 찾아서 제대로 따뜻하게 챙기도록 그렇게 하겠습니다.

기　자 대통령님, 대선에서 수사를 직접 촉구하시기도 했던 사안과 관련해서 이재명 당대표가 검찰의 소환 통지를 받았는데, 지금은 어떻게 보시는지 궁금합니다.

윤석열 글쎄 지금 대통령으로서 경제와 이 민생이 우선이고 형사사건에 대해서는 저도 여러분과 마찬가지로 언론 보도를 통해서 보는데 뭐 … 기사를 꼼꼼하게 읽을 시간도 없습니다. 네.

기 자 여당에서 민심을 두고 해석이 좀 여러 가지가 나오는데 당의 어떤 혼란을 바라보시는 심정이 착잡하실 것 같은데 당부하실만한 특별한 메시지가 있다면 한 말씀 부탁드립니다.

윤석열 늘 당이라고 하는 것은 소속 의원과 또 우리 당원들이 치열하게 논의하고 거기서 내린 결과는 또 받아들이고 따라가고 이렇게 하는 게 정당 아니겠습니까? 그래서 자유민주주의를 실현하기 위한 정당은 정당 내부도 민주적 원리에 따라서 가동이 돼야 된다는 생각을 가지고 있고, 대통령으로서 무슨 당무에 대해서 이래라 저래라 하는 것은 바람직하지 않다고 저는 보고 있고요, 하여튼 뭐, 우리 당이 어떤 민주적 거버넌스를 가지고 어려운 문제들을 잘 헤쳐 나갈 것이라고 기대하고, 또 믿고 있습니다. 뭐 시간은 좀 걸릴 수 있겠지만 조급하게 생각하는 거 자체가 제가 취할 그럴 그 입장은 저는 아니라고 생각합니다. 네.

기 자 한 가지만 더 질문드리겠습니다. 대통령님, 그 인사 원칙과 관련된 부분에 대해서 여쭤보고 싶은데요, 지금 대통령실 안에서 인적 쇄신이 진행되고 있고 대통령님께서도 직원들의 최고도의 역량을 강조하신 바가 있습니다. 다만 이 원칙이 그 검찰 출신들에게만 예외로 적용되는 게 아니냐는 얘기들이 대통령실 내부나 외부에서 나오고 있어서 이 부분에 대해서 대통령님이 어떤 생각 갖고 계신지 궁금합니다.

윤석열 뭐 잘 살펴보겠습니다.

태풍 '힌남노'에 "오늘은 비상대기 할 생각"

2022년 09월 5일

윤석열 우리나라 전역이 지금 역대급 태풍 힌남노의 영향권 아래 들어 왔습니다. 오늘 자정을 넘어서면 제주를 비롯해서 남부지방을 강타할 것으로 예상이 됩니다. 정부는 긴장을 늦추지 않고 국민의 생명과 안전을 위해 최선을 다할 것입니다. 그리고 이 자리를 빌려서 재난관리와 이 구급·구조에 종사하는 모든 국민께 말씀드립니다. 어제 제가 말씀드린 것처럼 선조치 후보고입니다. 그리고 모든 국민이 내 가족이라는 생각으로 최선을 다해주시기를 바라고, 대통령에 대한 보고도 필요한 대응을 지원하는 차원이 아니라, 그런 것이 아니라면, 제가 비상상황에 대해서 대응을 대통령이 지원하는 것이 아니라면 먼저 조치하고 후보고해 주시길 바랍니다. 아무리 어려운 일이 있더라도 모든 공무원과 국민 여러분이 일치단결해서 노력하면 우리 가족과 이웃을 지킬 수 있습니다. 그리고 이런 재난 상황을 실시간 보도해서 국민들의 안전을 지키는 데 우리 언론도 협조를 해주시기를 부탁드립니다. 뭐, 재난상황에 관한 다른 질문 있으시면. 오늘은, 오늘 내일은 상황이 상황이니 만큼 이런 한남노에 관한 말씀만 좀 받도록 하겠습니다.

기　자 오늘 퇴근 안 하시고 상황 챙기십니까?

윤석열 오늘은 제가 비상대기를 좀 할 생각입니다.

(집무실로 이동 중 질문 나오자 돌아서서)

기　자 대통령님 관저 입주는, 그 한남동 관저 입주는 추석 전후 언제로 생각하시는지.

윤석열 글쎄 뭐 관저가 지금 중요한 게 아닙니다. 나중에 얘기하시죠.

태풍 '힌남노' 대응상황 약식 브리핑

2022년 09월 6일

윤석열 지금 태풍 중심부는 울릉도·독도 쪽으로 가고 있지만, 아직은 사후관리나 안전대책에 긴장을 늦출 수가 없는 상황입니다. 계속 자치단체 관계자들하고 행안부, 경찰, 소방청하고 실시간 연락도 해야 되고 … 다행히 제일 중요한 게 주민 대피거든요. 주민 대피가 적시에 이루어지지 않고 사전에 제대로 이루어지지 않으면 집단적 인명피해가 일어날 수 있습니다. 두 번째 중요한 것은 위험지역에 대한 이동통제입니다. 그리고 여러 가지 구조물이라든가 이런 시설물의 안전, 산사태 방지 이런 것인데 어제 각 자치단체하고 또 소방청이라든가 경찰 이렇게 다 동원이 돼서 주민 대피는 적시에 이뤄졌고 또 주민들께서 잘 협조를 해주셔서 그런 제일 중요한 상황은 피할 수 있었어요. 그리고 위험지역에 대한 이동통제도 큰 문제 없이 이루어진 것 같고요. 이제 구조물에 대한 안전이라든지 시설물, 구조물에 대한 안전, 산사태 … 바람의 세기라든지 강우량은 많이 잦아들었는데 지반이 집중호우에다 이번에도 또 비가 많이 왔기 때문에 이런 걸 다 두

드려봐야 하니까 오늘 내일은 안심할 수 없는 상황입니다. 그리고 언론에서도 내가 어젯밤에 보니까 계속 실시간 재난방송을 해 주셔서 우리 국민들한테는 이게 제일 중요하죠. 언론에서 이번에 아주 잘 해주셔서 굉장히 고맙게 생각합니다.

기　자 현장에 가실 계획이 있으신가요?

윤석열 오늘 상황을 챙겨본 다음에 피해가 심각한 데는 저하고 우리 총리하고 행안부 장관하고 현장을 가봐야 되지 않겠나 싶은 … 일단 상황을 챙겨봐야 될 것 같습니다.

기　자 지난달 중부지방 집중호우 때보다 더 강력하게 대응을 하고 있으신데요.

윤석열 지난달 집중호우는 사실은 예측불허였어요. 우리가 퇴근할 때까지만 해도 그날 밤에 특정 지역에 서울도 강북은 거의 비가 안 왔잖아요. 강남의 몇 개 지역에 집중적으로 비가 하룻밤에 300밀리, 400밀리, 시간당 140밀리미터까지 내리는데 그것은 예측불허였고 이것(힌남노)은 역대급 태풍으로 이미 위력이 알려져 있고 괴물 태풍이라고 그러잖아요. 다른 작은 태풍을 먹어가면서 커지는 것이기 때문에 이것은 사전 대비를 우리가 잘하면 피해를 많이 줄일 수가 있는 거고 지난번에는 소위 방수 배수 터널이라든가 그런 기상이변에 따른, 우리가 겪어보지 못한 … 어떤 특정 지역에만 게릴라식으로 내리는 이런 집중호우에 우리 재난 대응 인프라가 부족해서 생긴 문제고 … 그래서 이번에는 어제 제가 출근할 때부터 어제 저녁부터 시작해서 오늘 오전까지가 굉장히 중요한 상황이라고 다들 인식을 하고 있었습니다.

"포항서 어젯밤 기적적 두분 구출 … 생명 위대함 느껴"

2022년 09월 7일

윤석열 역대급 태풍이 지나갔습니다. 그래도 국민들께서 많이 협조해 주셔서 그 덕분에 비슷한 규모의 그런 과거 전례에 비추어서 그나마 많은 피해를 줄일 수 있었다고 생각합니다. 그렇지만 마지막 빠져나가는 그 포항에서 아파트 지하 주차장에 침수된 차량을 꺼내오기 위해서 주민들이 들어갔다가 이런 참사를 겪게 돼서 정말 대통령으로서 밤잠을 이룰 수가 없었습니다. 어젯밤에 정말 기적적으로 두 분이 구출이 돼서 정말 생명과 삶의 그 위대함과 경의를 다시 한번 느끼게 해주셨습니다. 저는 이따가 국무회의를 마치고 바로 가장 큰 피해를 입은 포항에 가서, 이재민과 또 피해자 가족들을 위로하고 피해 상황을 면밀하게 살펴볼 계획입니다. 네.

기　자 대통령실 인적 개편이 그 특정 라인을 …

윤석열 그 얘기는 제가 오늘은 언급하지 않겠습니다. 또 다른 태풍과
　　　 관련된 것만 좀 질문해 주십시오.

기　자 그 특별재난지역을 선포하시거나 아니면 이재민들에게 특별히
　　　 생각하고 계신 지원 방안이나 그런 것들이 있으신지요.

윤석열 특별재난지역 선포는 피해조사와 절차가 필요합니다마는 포항
　　　 같은 경우는 최대한 신속하게 해서, 뭐 일견 보더라도 선포가
　　　 가능한 지역으로 판단은 됩니다마는, 하여튼 최대한 빨리 절차
　　　 를 밟아서 선포를 하도록 해야 될 것이고요, 그리고 일단은 재
　　　 난지원에 필요한 이런 특별교부금 같은 것을 오늘 제가 가서
　　　 보고 즉각적으로 조치하도록 그렇게 하겠습니다. 감사합니다.

"어려운 이웃이 가족이라는 마음으로 정 나누는 명절 되길"

2022년 09월 8일

윤석열 긴장된 얼굴로 절 보지 마시고 편안하게 봐 주십시오. 어제는 이번 태풍에 가장 피해를 많이 입은 포항과 경주를 다녀왔습니다. 중학생 아들을 잃은 어머니, 또 부모님을 함께 잃은 그 자녀들, 또 늦은 나이에 결혼도 하지 않고 홀어머니를 극진하게 모시고 살아온 그 아들을 잃은 어머니, 이분들 어떠한 말로도 위로할 수 없다는 것을 느꼈습니다.

그렇지만 전국에서 수천명의 자원봉사자들이 여러 회사, 단체 이런 데에서 오셔 가지고 그 수해를 입은 하천의 범람으로 흙더미가 된 마을을 복구하고 또 피해자들을 위로해 주시는 자원봉사자들을 보고 어떤 연대와 희망이라는 것을 또 함께 느꼈습니다. 바로 그것이 우리나라를 어려움과 위기에서 극복하게 만든 저력이 아니었나 이렇게 생각이 듭니다.

이제 내일부터 3년 만에 사회적 거리두기가 없는 추석 연휴가 시작이 됩니다. 고물가, 고금리, 고환율로 경제가 어렵기는 합니다마는 모처럼 거리두기 없는 명절을 맞아서 국민 여러분께서 요 며칠 만이라도 가족들과 좀 즐거운 시간 갖기를 바랍니다. 그러면서 우리 주변의 많은 어려운 분들을 우리 정부 뿐만이 아니라 국민들께서도 이웃이 가족이라는 마음으로 따뜻한 정을 나누는 그런 명절이 되기를 바랍니다.

저희는 정부 재정을 긴축 기조를 유지하려고 합니다마는, 이 긴축이라고 하는 것은 저희가 꼭 써야 할 때 쓰기 위한 재원을 마련하기 위한 것이니 만큼, 이번에 집중호우와 태풍으로 피해를 입은 분들, 또 기본적으로 어려운 상황에 놓여 있는 이런 분들을 위해서는 구조조정과 긴축으로서 마련된 재원을 넉넉하게 쓰겠습니다. 다들 우리 기자 여러분들도 연휴 즐겁게 보내시길 바라겠습니다. 뭐, 질문 있으세요?

기　자 대통령님, 최근 야당에서 김건희 여사 특별법을 발의하고 대통령님을 고발하기도 했습니다. 여기에 대해서 좀 입장이 어떠신지요?

윤석열 뭐 별 입장 없습니다. 지금 제가 제 문제나 이런 걸 가지고 아 신경 쓸 그럴 상황은 아닌 것 같고요, 나중에 적절하게 하겠습니다. 네 또 다른 질문.

기　자 대통령님 민생 연일 강조하시는데, 또 다른 한 축, 여당일 것 같

습니다. 근데 전 대표인 이준석 대표 같은 경우는 결자해지라는
말 쓰면서 대통령과 당대표의 갈등을 본인이 직접 푸셔야 한다
는 얘기를 하고 있는데 …

윤석열 제가 지금 다른 정치인들이 무슨 말을 하고 그 말의 의미가 뭔
지를 생각할 만큼 그런 마음의 여유가 없습니다. 오로지 제 머
릿속에는 어려운 글로벌 경제 위기와 또 우리가 입은 이런 재난
에 대해서 국민들을 어떻게 살필 것인지 그거 이외에는 다른 생
각을 근자에 해본 적이 없습니다. 죄송합니다.

(몸 우측으로 돌려 집무실로 이동)

기 　 자 대통령님 그 인적 쇄신이 끝났는데 …

"혈세가 이권 카르텔에 악용, 개탄스럽다"

2022년 09월 15일

윤석열 우리 기자님들, 추석 연휴 잘 쉬셨습니까? (기자들 "네" 대답) 어제 뭐 석간부터 오늘 조간까지, 미 연준의 울트라 스텝 가능성에 관한 기사가 많이 났습니다. 지금 미국의 고물가를 잡기 위해서 금리를 좀 올렸습니다마는, 지금 작년 동기 대비 미 소비자 물가가 지금 8.3퍼센트 올라가 있고, 또 이 물가를 잡기 위한 금리인상 조치가 충분히 예상되는 그런 상황입니다. 그래서 전 세계적으로 경제와 경기가 잔뜩 지금 움츠러들고 있습니다.

'경기회복이 우선이냐, 또 국민들의 실질임금 하락을 가져오는 그 물가상승을 잡는 것이 우선이냐?' 라는 논란이 있습니다마는, 일단 서민들의 실질임금 하락을 가져오는 물가를 먼저 잡는 것이 우선이라고 하는 이런 기조가 일반적입니다. 그래서 우리 정부도 이번 추석 성수품 주요 품목 한 20개 정도에 대해서 집중적으로 다양한 방법을 동원해서 시장에 대규모 물량을 공급해서 가격 안정을 꾀했습니다. 이런 시장 친화적인 방법으로 그

물가 잡는 그런 노력을 하고 있습니다.

그리고 금리가 인상될 우려에 대해서는 먼저 우리 서민들의 금융 채무를 많이 부담하고 있는 서민들의 민생 안정을 위해서 고금리를 저금리나 고정금리로 갈아 타거나 그 다음에 만기를 연장해서 상환 기간을 좀 늘리고 분기별, 상환 기간별 상환 부담액을 좀 낮추는 그런 조치들를 시행할 것입니다.

그렇지만, 우리 이런 경상수지라든지 또 우리의 외환보유고나 대외적인 이런 재무건전성은 아직도 국민들이 걱정하실 수준이 아닙니다. 정부나 기업이 힘을 합쳐서 이런 리스크 관리를 해나갈 것이고 우리 서민들의 그 민생은 정부가 각별히 챙기겠습니다.

기 자 대통령님, 약자 복지 말씀하시고 현장도 많이 가셨는데, 그 대책이 조금 미진한 감이 있어가지고요, 복지체계 개편이라든가 어떤 고민하신 점이 있으신지.

윤석열 체계를 전반적으로 개편한다는 것은, 단기간 내에, 여러 가지 혼란을 줄 수도 있고, 그러기 때문에 저희는 분명히 말씀 드렸지만 어떤 그 무슨 정무적인 국면 전환용의 인사, 또 정책 이런 거를 가급적이면 지양하고 우리 국민들 또 서민들의 실생활에 도움이 될 수 있는, 그런 부분들을 차근차근 챙겨 나가도록 하겠습니다.

기 자 대통령님, 지난 정부 태양광 사업 과정에서 세금이 좀 이렇게 비정상적으로 사용됐다는 발표가 있었습니다. 대통령님께서 이번 사안에서 어떤 조치까지 필요하다고 염두에 두고 계신지 궁금하고요, 태양광 사업 외에도 이런 비슷한 국가재정이 투입된 사업에 조사 필요성도 느끼고 계신지 궁금합니다.

윤석열 국민들의 이 혈세가 어려운 분들을 위한 복지, 또 그분들을 지원하는데 쓰여야 될 돈들이 이런 이권 카르텔에 비리에 사용되었다는 것이 참 개탄스럽습니다. 저도 언론을 통해서 봤고 … 법에 위반되는 부분들은 정상적인 사법 시스템을 통해서 처리가 될 것으로 생각하고 있습니다. 네. 자, 수고하십시오.

"신당역 살인사건 … 스토킹 방지법 보완 필요"

2022년 09월 16일

윤석열 여러분 오늘 뵈면 또 한 주일 후에나 뵙게 될 것 같습니다. 저와 함께 가시는 분들도 여기 계시죠? 어떻습니까? 그래요. 오늘 아침에 많은 언론의 조간 기사에서 신당역 역무원 스토킹 살

인사건 보도가 우리 국민들에게 큰 충격을 주고 있습니다. 작년에 스토킹 방지법을 제정·시행을 했습니다만 피해자 보호에 미흡하다는 지적이 많았습니다. 출장 떠나기 전에 법무부로 하여금 이 제도를 더 보완해서 이러한 범죄가 발딜될 수 없게 피해자 보호에 만전을 기하도록 하겠습니다.

이번 UN 총회의 논의 주제가 어떤 분기점의 순간, 분수령의 상황 이런 것입니다. 복합적인 위기와 해결의 모색이라고 하는 이런 것을 주제로 각국의 정상과 외교 관계자들이 참여하고 자기의 의견을 발표하도록 돼있습니다. 이런 복합위기에 전세계가 또 UN이라고 하는 이 시스템이 어떻게 효과적으로 대응할 수 있을 것인지에 대한 논의가 이루어질 것 같습니다. 또 캐나다 순방에 대해서는 우리 안보실에서 여러분께 잘 브리핑한 것으로 그렇게 알고 있습니다. 뭐 궁금한 점 있으시면 … ?

기 자 대통령님, UN 총회 기조에서 담대한 구상을 추가 언급이 없으실 거라고 하셨는데요. 안에 진정성이라든지 이런 걸 감안하면 미국이라든지 어떤 동의를 얻어내려면 이런 발언이 들어가야 되는 것이 아닌지요?

윤석열 구체적으로 어떤 점들을 지적한다는 것보다 기조연설에 많은 내용들이 다 담겨 있을 것입니다. 네, 다른 질문 없으십니까?

기 자 순방 가시기 전에 검찰총장과 공정거래위원장 후보자를 마무리 하실 건지요?

윤석열 글쎄요, 정부 구성이 많이 늦어져서 그런 지적도 있고 또 인사 청문 과정에서 국민들께서 이 분들의 자질과 역량에 대해서 이미 판단하셨을 것으로 저도 생각을 하고 오늘 임명장 수여를 할 계획입니다. 네, 수고하십시오.

기 자 이번 한일 정상회담과 한미 정상회담을 조율 중인 것으로 알고 있는데요 여기서 어떤 메시지를 내실 예정이신지요?

윤석열 양국의 발전과 또 여러 가지 그런 글로벌한 이슈, 또 양국의 현안, 이런 것들이 폭넓게 논의될 것으로 생각하고 있습니다.

"사실과 다른 보도로 동맹 훼손, 국민 위험에 빠져"

2022년 09월 26일

윤석열 평소보다 더 많이 나오신 것 같습니다. (웃음) 오랜만입니다. 5박 7일 동안 런던, 뉴욕, 토론토, 오타와, 4개 도시를 다니면서 많은 일정을 소화했습니다. 제일 중요한 것은 UN의 기조연설로서 대한민국이 자유와 인권, 평화와 법치라는 이 보편적 가치를 추구하는 국가로서 국제사회의 책임을, 국격에 맞는 책임을 이행하고 국제연대를 강력히 지향한다는 것이 전 세계에 대한민국의 국정기조 및 대외정책의 원칙이라는 점을 알림으로 해서 우리나라와 국제협력을 위하려는 나라, 또 우리나라에 투자하려는 외국 기업, 국제사회에서 활동하는 대한민국 국민과 기업이 합당한 평가와 대우를 받을 수 있도록 대한민국의 대통령으로서 밝혔다는 점에 저는 의의를 두고 싶습니다.

그리고 이번 순방의 또 하나의 코드는 디지털입니다. 지금 미국에서, 뉴욕이 디지털과 IT의 새로운 도시로 떠오르고 있고 그래서 NYU 대학과, AI의 메카라고 하는 토론토대학을 찾아서 양국의 과학기술 협력에 관해서 함께 논의하는 자리를 가졌고 여러 가지 한국 투자기업에 대한 유치 행사에도 제가 참여를 해서 한국 투자기업들에 이렇게 얘기를 했습니다. 다국적 기업이나 전 세계 다양한 곳에서 사업을 벌이고 있는 기업들이 우리나라에 투자해주면 우리나라의 일자리만 생기는 것이 아니라 대한민국 정부 역시도 다른 국가들과 경쟁함으로써 대한민국 정부가 더 유능한 정부가 되고 규제개혁이 글로벌 스탠다드에 맞춰갈 수 있다, 여러분들이 우리나라에 오시는 것은 우리에게 이런 이점들이 있다, 그리고 우리도 여러분들이 사업을 제대로 할 수 있게 대한민국 정부의 업무를 국제 기준에 맞춰가겠다, 이렇게 말씀을 드렸고요.

그리고 국민들의 관심을 가졌던 IRA 문제는 제가 버킹엄 리셉

션에 가보니까 이게 뭐 100여 개국 이상이 모이는 그런 자리에서는 미국 대통령이 그야말로 무슨 장시간을 잡아서 이렇게 뭘 한다는 것이 나토만 해도 30개국 아니었습니까? 그래서 참모들에게 그랬습니다. 미국 대통령하고 장시간을 잡기도 어려울 것 같고, 무리하게 추진하지 마라. 그 대신 장관 베이스에서 그리고 양국의 NSC 베이스에서 더 디테일하게 빨리 논의를 해가지고 바이든 대통령과는 최종만 컨펌만 하기로 하자, 그렇게 해서 IRA 문제에 대해서도 우리 대한민국의 입장을 바이든 대통령이 충분히 이해하고 있다는 것을 제가 확인을 했고 하여튼 긍정적인 방향으로 우리 기업만 별도의 불이익이 가지 않도록 협의해 나가기로 했습니다. 나머지는 발표한 바와 마찬가지입니다.

그리고 기시다 수상과는 이번에 세 번째 정상회담을 가졌는데요. 나토에서 AP4하고 하고, 또 한미일 3자 정상회담을 했고, 이번에는 양자로 했습니다만 한일과의, 한일 관계는 한 번에 이렇게, 한 술에 배부를 수 있는 그런 관계는 아닙니다. 지금 지난 정부에서 한일 관계가 너무 좀, 관계가 많이 퇴조를 했고 그래서 일본 내의 또 여론도 있고 우리 국민들의 여론도 있고 양국 국민들의 생각을 잘 살펴가면서 무리 없이 관계 정상화를 해야 되고 무엇보다 한국의 기업과 일본의 기업들은 양국의 정상화를 아주 간절히 바라고 있습니다. 한일 관계가 정상화가 되면 양국 기업들의 상호 투자를 함으로써 아마 일본과 한국 양쪽의 일자리도 더 늘 것이고 양국의 성장에 저는 도움이 될 것이라고 확신합니다. 그래서 앞으로 어떠한 어려움이 있더라도 한일관계 정상화는 좀더 강력하게 추진해나갈 생각입니다.
질문 있으시면 ….

기　자 대통령님, 이번 순방 과정에서 대통령님께서 행사장에서 나가시
면서 말씀하신 부분이 좀 논란이 됐습니다. 발언이 (논란이 되었는
데요) 이 부분에 대한 입장이 궁금합니다.

윤석열 결국 논란이라기보다 제가 이렇게 말씀을 드리겠습니다. 전 세
계의 한 두세 개 초강대국을 제외하고는 자국 국민들의 생명
과 안전을 자국의 능력만으로 온전하게 지킬 수 있는 국가는
없습니다. 그래서 자국 국민의 생명과 안전을 지키는 데는 동맹
이 필수적입니다. 그런데 사실과 다른 보도로서 이 동맹을 훼손
한다는 것은 국민을 굉장히 위험에 빠뜨리는 일이다, 그 부분
을 먼저 얘기하고 싶고요. 그와 관련한 나머지 이야기들은 먼저
이 부분에 대한 진상이라던가 이런 것들이 더 확실하게 밝혀져야
한다고 저는 생각합니다. 자, 수고하셨습니다.

"디지털 고도화 통해 전 산업 생산성 증진시킬 것"

2022년 09월 27일

윤석열 어제 북한이 또 미사일을 쏴서 NSC 상임위가 열렸습니다. 저도 늦은 시간까지 기다리고 있다가 보고를 받고 했는데 벌써 올해 20번이 넘었다고 합니다. 국가안보는 공짜가 없고 모든 경제 활동의 기초가 됩니다. 지금 한미 해상훈련이 6년 만에 모처럼 동해상에서 진행되고 있습니다.

그리고 오늘 카말라 해리스 미 부통령이 방한합니다. 100여개 국가 이상이 모이는 다자 정상회의에서는 양자간 장시간 내밀한 이야기를 하기가 어려운 구조에 있습니다. 일본 총리 국장 참석을 계기로 부족한 이야기를 나눌 예정입니다.

경제가 어렵고 저희도 국민들, 특히 서민들의 민생을 잘 챙겨가겠는데 우리의 중장기적인 성장 전략이 바로 디지털 고도화입니다. 디지털 고도화를 통해서 우리 전 산업 분야의 생산성을 증진시키는 것이고 그 핵심에 AI가 있습니다. 어제 광주에서 AI 선도국가로 뻗어 나가기 위한 여러 가지 전략과 기업들의 노력에 대해 상당히 내실 있는 논의를 했고 AI의 메카라고 할 수 있는 캐나다 토론토에서도 AI최고의 석학이라는 분도 만났습니다. 지금 경제는 어렵지만, 우리나라 도시 중에는 광주가 AI에 대해 선도적인 위치를 가지고 있습니다. 저도 선거 때부터 광주가 AI 선도 도시로 뻗어나갈 수 있도록 지원을 아끼지 않겠다는 말씀을 드려왔고 어제도 그것을 재확인했습니다. 지금 광주에서도 데이터센터가 건립 중인데 내년이면 이제 완공이 될 것 같습니다. AI 인재들을 양성하는 교육 시스템에 대해서도 여러 다양한 방안을 강구하고 있습니다. 국가 안보와 우리의 중장기 성장 전략을 함께 구축해 나가면서 여러 경제 충격에 대해 국민들이 불편해하지 않도록 저희들이 완충을 잘해나가겠습니다.

기 자 국회에서 박진 외교부 장관에 대해 해임 건의안이 처리될 예정인데 어떻게 생각하시고 거부권을 행사하면 협치가 어렵다는 말이 있는데 어떻게 보시는지요?

윤석열 박진 외교부 장관은 탁월한 능력을 가진 분이고 건강에 걱정이될 정도로 국익을 위해서 전 세계로 동분서주하는 분입니다. 어떤 것이 옳고 그른지는 국민들께서 분명하게 아시리라고 생각합니다.

"감사원은 독립적인 헌법기관, 언급은 적절치 않아"

2022년 10월 04일

윤석열 중장거리 미사일을 일본 열도 위로 발사를 했습니다. 제가 10월 1일 국군의 날에서도 밝혔습니다마는 이런 무모한 핵 도발은 우리 군을 비롯한 동맹국과 국제사회에 결연한 대응에 직면할 것입니다.

이따 9시부터 안보실장 주재로 NSC가 개최가 되고 저는 중간에 참석할 계획입니다. 오늘 아침 조간도 보니까 경제에 대한 것들이 많이 있습니다.

아무래도 연준에서 계속 금리를 올리고 또 경기가 어려울 것 같다는 그런 예측, 또 계속 지금 조야에서 위기론이 나오고 있습니다.

이럴 때일수록 우리가 차분하게 대응하고 국제사회에서 보더라도 한국의 정부가 이런 경제 불안 상황에서 체계적으로 대처하고 있다는 것을 보여주는 것 자체가 우리 경제에 대한 신인도를 제고시키는 것이기 때문에 하여튼 정부는 늘 건전한 재정을 유지하면서 민생을 챙기고 또 우리가 성장동력도 계속 살려가면서 잘 챙겨가겠습니다.

우리가 지금 현재 엊그제도 9월 27일자 뉴욕의 피치사에서 대외신용도를 평가했는데 우리가 그래도 일본보다도 2단계 높은 AA-로 아직은 대외적인 이런 평가가 좋은 상태이고 그리고 지금 반도체 가격 하락 등으로 인해서 또 수입원자재 가격이 상승해서 무역적자가 지금 발생하고 있지만 연말 누적 기준으로 해서는 경상수지가 그래도 흑자를 보일 것으로 예측을 하고 있습니다.

너무 불안하게 생각하지 마시고 해야 될 경제활동을 하시고 정부가 꼼꼼하게 24시간 비상체제로 잘 운영해 나가겠습니다.

기　자 대통령님, 서해 공무원 피살사건의 진상 규명을 강조하시지 않았습니까? 그 진상 규명 과정에 대해서 그 누구도 예외나 성역이 될 수 없다는 입장에 대해서 대통령님 어떻게 생각하시는지 궁금합니다.

윤석열 일반원칙 아니겠습니까?

기　자 감사원이 서면 조사 요청을 문재인 전 대통령에게 하면서 불쾌감을 표시했다라는 내용도 있는데 어떻게 보시는지 궁금합니다.

윤석열 감사원은 헌법기관이고 대통령실과 독립적으로 운영되는 그런 기관이기 때문에 거기에 대해서 대통령이 뭐라고 언급하는 것은 적절하지 않은 것 같습니다. 제가 지금 챙길 일이 있어서 오늘 먼저 올라가 보겠습니다. 질문 하나만 더 받을까요?

기　자 국감 시작되는데 국감에서 대통령님 순방 기간 동안 논란 같은 게 정쟁화되고 있는 데 대해서 어떻게 생각하시는지랑 …

윤석열 대통령의 외교 활동은 오로지 국익을 위한 것이고 그리고 이번 순방에서 그래도 많은 성과를 거양했다고 생각합니다.

"안보 상황, 심상치 않다"

2022년 10월 06일

윤석열 안녕하세요. 오늘 아침에도 북한에서 단거리 미사일로 오늘은 두 발을 발사를 했는데 그저께 괌을, 사정거리 4천 킬로미터의 괌을 겨냥한 일본 열도를 지나가는 IRBM을 발사했죠. 괌이라고 하는 데는 한반도 유사시에 미군의 주요 전략 한반도에 전개될 전략자산이 소지하고 있는 곳입니다. 오키나와에는 해병군이 주둔했고 그래서 중거리 IRBM이라는 것은 이제 한반도에 전개될 전력자산에 대한 타격을 목표로 하고 있습니다.

상황이 만만치 않기 때문에 한미연합훈련을 마치고 다음 임주로 진행하던 로널드 레이건호가 어젯밤 8시경에 우리 수역으로 들어왔습니다. 지금 경제도 만만치 않은 상황이지만 국제적으로도 지금 우크라이나부터 시작해서 안보 상황이 만만치 않습니다. 하여튼 국민들께서 걱정은 되시겠지만 우리 정부에서 강력한 한미동맹과 또 한미일 안보협력을 바탕으로 국민의 생명과 안전에 빈틈없이 다 잘 챙기겠습니다. 그리고 이러한 상황에서도 어제는 9번째 민생경제 비상대책회의를 상주 스마트팜 센터에서 가졌습니다.

우리 청년 농업 창업을 위해서 1500억을 투자해서 스마트팜 센터를 만들고 수천 평의 실내 농장을 조성했습니다. 여기는 소위 농업의 디지털 전환이 실현되는 곳이고 그래서 우리가 지금 미래 농업에 대한 논의를 했습니다마는 대한민국 농업의 미래는 청년이라는 코드, 그다음에 디지털 전환이라는 코드, 그다음에 농업 경영의 사회적 안전망을 강화한다는 이 세 가지 관점에서 우리 농업의 미래를 논의했습니다.

이번에도 쌀의 시장가격이 풍년이 되면 시장가격이 떨어져서 농민들이 많이 힘드십니다. 그래서 이번에는 역대 최고의 45만 톤을 시장격리를 시켜서 시장가격 안정화를 꾀하고 있습니다.

어제 제가 콘바인에 올라타서 보니까 일반 벼는 한 2주일 있어야 되고 찰벼가 다 수확할 수 있는 상황이 돼서 컴바인 체험도 했습니다마는 어제 농민들이 탈곡을 해서 건조시켜서 도정을 앞두고 있는 쌀을 농민들과 함께 이렇게 만져보면서 금년에 홍수, 태풍에, 이 무더위에 정말 국민의 양식을 생산하기 위해서 땀 흘려 고생하신 농민들의 그런 수고를 가까이에서 느낀 그런 날이었습니다.

하여튼 우리가 지금 안보나 경제나 많은 도전과 위기에 직면하고 있습니다마는 중장기적으로 국가의 AI 디지털 산업, 첨단산업 그리고 또 농업을 첨단화하는 이런 부분에 빈틈없이 잘 챙겨서 단기적인 현안 문제 또 중장기적인 문제들을 잘 관리해 나가겠습니다.

기　자 어제 '윤석열차' 풍자만화 관련해서 문체부에서 한국만화영상진흥원에 경고를 했는데, 대선 기간 약속한 표현의 자유 위반한다는 논란이 있는데 어떻게 생각하시나요?

윤석열 저는 그런 문제에 대통령이 언급할 건 아닌 거라고 생각합니다.

기　자 오늘 기시다 총리와 통화하시는데 안보문제 이외에 과거사 문제도 주제로 논의되는지 ….

윤석열 글쎄요, 어떤 얘기를 지금 기시다 총리 통화에서 주제가 될지는 저도 정확히 또 어떤 걸 언급할지 정확한 건 알 수는 없습니다만 어제 일본 국회에서 상당히 전향적인 발언을 우리 기시다 총리가 했습니다.

그동안 일본 조야의 여론이라든가 이런 것들을 많이 감안을 했는데 다양한 국제적인 당면 현안들에 대해서 함께 헤쳐나가야 될 중요한 이웃이고 한일 관계가 조속히 정상화돼야 된다는 어제 국회 발언이 있었기 때문에 아마 그와 관련된 것 그리고 특히 그저께 일본 열도를 지나가는 IRBM 때문에 일본이 아주 난리가 난 모양인데 그런 안보현안에 대한 얘기가 있지 않겠나 예상하고 있습니다.

기　자 유병호 사무총장과 이관섭 수석 사이에 오간 문자 때문에 말씀하신 감사원의 독립성과는 배치되는 것 아니냐는 야당의 주장이 있습니다. 어떻게 보십니까?

윤석열 글쎄요, 저는 무슨 문자가 어떻게 됐는지는 잘 모르겠습니다마는 감사원 소속은 대통령 소속으로 되어 있습니다. 그렇지만 업무는 대통령실에서 관여할 수 없도록 헌법과 법률에 돼있고 무슨 문자가 나왔다는 건 정확히 파악을 해 보겠습니다마는 제가 어제 기사를 얼핏 보기에는 역시 그것도 하나의 정부의 구성이기 때문에 아마 보도에 드러난, 언론 기사에 나온 이런 업무와 관련해서 어떤 문의가 있지 않았나 싶은데요.

하여튼 감사원 업무에 대해서는 관여하는 것이 법에도 안 맞고, 그리고 그런 무리를 할 필요가 저는 없다고 생각합니다.

어차피 감사원의 직무상 독립성이라는 것은 철저한 감사를 위해서 보장되는 장치이기 때문에 거기에 굳이 그 정도 관여할 만큼의 시간적 여유도 저는 없는 것으로 생각합니다.

"여가부 폐지는 여성을 더 보호하기 위한 조치"

2022년 10월 07일

윤석열 출근하면서 보니까 날이 좀 쌀쌀해졌습니다. 우리 기자 여러분들도 환절기에 건강 잘 챙기십시오. 어제 오후에는 기시다 총리하고 북한 탄도미사일 관련해서 통화를 나눴고요 하여튼 이

북한의 핵 도발, 미사일 도발에 대해서는 한미일 3국의 긴밀한 안보 협력 체제를 구축해서 아주 굳건하게 대응해 나가기로 하는 데 인식을 같이 했습니다.

뿐만 아니라 기시다 총리가 의회에서 다양한 국제 현안에 대해서 함께 협력해야 될 파트너라고 발언을 한 것과 관련해서도, 같은 내용의 생각을 서로 공유를 하고, 한일관계가 빠른 시일 내에 과거와 같이 좋았던 시절로 되돌아가서 기업과 국민들의 교류가 원활해지면 양국의 경제에도 큰 도움이 될 거라는 것에 대해서도 생각을 같이 했습니다.

그리고 오늘은 민생경제 비상대책회의 관계 장관들과 여러 가지 다양한 리스크 점검을 하기로 했습니다. 조금 이따가부터 시작될 것인데 얼마 전에 거시상황 점검회의를 했고 그래서 기업의 재무, 기획을 담당하는 분들 모시고 여러 가지 얘기들을 들었고 오늘은 관계부처들이 이런 경제의 불안정성에 대해서 어떤 식으로 대책을 수립해서 대응해 나가는지 조목조목 점검을 해 볼 생각입니다.

기　자　그간 여당 내부의 마음고생이 좀 심하셨는데 정진석 비대위가 어쨌든 정당성을 인정받게 됐는데 어떻게 보시는지 좀 소감이 궁금하고요. 대선 활동 같이하셨던 이준석 전 대표가 추가 징계 받았는 데 대해서도 어떤 소감이신지 한 말씀 부탁드립니다.

윤석열 다른 질문을 좀 해 주시죠. 제가 그런 당무 사항에 대해서는 답변을 한 적이 없지 않습니까?

기　자 북한이 핵실험을 감행한다면 대응 방안으로 9·19 남북군사합의 파기도 고려하시나요?

윤석열 하여튼 안보 북핵 대응을 해나가는 안보 협력 3개국이 외교부, 또 안보실 이런 다양한 채널들을 가동해서 거기에 대한 대응 방안을 아주 차근차근 준비를 해나가고 있습니다. 미리 말씀드리기는 좀 어려울 것 같습니다.

기　자 대통령님, 대선 공약이었던 여가부 폐지 같은 경우는 이제 국회에서 야당의 협조가 필요한데요. 통과 가능성에 대해서 좀 어떻게 보시는지요?

윤석열 국회 상황에 대해서 제가 예측하는 것은 쉬운 일은 아닌데 여가부 폐지라고 하는 것은 여성, 다음에 가족, 아동, 사회적 약자들에 대한 보호를 더 강화하기 위해서 하는 것이고 소위 말해서 어떤 권력 남용에 의한 이런 성비위 문제에 대해서도 "피해호소인"이라고 하는 그런 시각에서 완전히 탈피하자, 그리고 여성에 대한 보호를 더 강화할 것입니다.

"한미일 안보협력으로 견고한 대응체제를 구축해 나가겠다"

2022년 10월 11일

윤석열 오늘 아침 기사에도 많이 언급이 됐습니다마는 북핵 위협이 날로 심각해지고 있습니다. 저는 누누이 강조했지만 굳건한 한미 동맹과 한미일 안보협력을 바탕으로 아주 견고한 대응체제를 구축해서 잘 대비하고 대응해 나가겠습니다. 국민들께서는 너무 걱정하지 마시고 경제활동과 생업에 진력을 다하시면 될 것 같습니다.

기 자 대통령님, 김정은의 여러 가지 입장도 나오기는 했는데 한미일 군사안보 협력 담대한 구상 같은 우리 정부의 대북정책 기조가 안전한 북한의 비핵화라는 목표로 이끌어내는 데 여전히 유효하다고 보시는지 궁금합니다.

윤석열 저는 유효하다고 생각합니다. 북한의 비핵화라는 것은 30년간 90년대 초반부터 우리도 전술핵을 철수시키고 한반도의 전체 비핵화라는 차원에서 추진이 됐는데 북한이 지금 핵을 꾸준히

개발하고 고도화를 시켜나가면서 우리 대한민국뿐만 아니라 전세계를 상대로 핵으로 지금 위협을 하고있는 상황입니다마는 핵을 통해서 얻을 수 있는 것은 아무것도 없다고 생각합니다.

기　자 대통령님, 한일관계 개선 필요성은 그동안 많이 언급을 하셨는데 한일 양국의 군사능력 강화에 대해서 국민 우려가 있는 것도 사실인데요. 이 같은 우려에 대해서 한말씀 부탁드립니다.

윤석열 핵 위협 앞에서 어떠한 우려가 정당화될 수 있겠습니까? 저는 그렇게 생각합니다.

기　자 전술핵 관련해서 북한이 이미 전술핵 능력을 갖고 있는데 우리도 임시적으로라도 전쟁을 대비해야 하는 것 아니냐 그런 면이 있는데 어떻게 생각하십니까?

윤석열 거기에 대해서 제가 수없이 얘기를 드렸고요. 지금 현재 이렇다 저렇다 표명할 수 있는 문제는 아니고 우리나라와 미국 조야의 여러 의견들을 잘 경청하고 또 따져보고 있습니다.

기　자 한 가지만 더 여쭤보겠습니다. 야당에서는 한미일 군사 안보협력을 가지고 친일국방이라든가 욱일기가 한반도에 걸릴 수 있다 이런 식의 공세를 하고 있는데 엄중한 안보 상황에서 이런 상황을 어떻게 보고 계시는지.

윤석열 현명한 국민들께서 잘 판단하실 걸로 판단합니다.

"경제 불확실성 과장·방치 금해야"

2022년 10월 13일

윤석열 궁금한 거 있으세요? 미 연준의 잇따른 금리인상에 따라서 우리 기준금리도 0.5BP 상향 조정이 됐습니다.

많은 국민들께서, 또 기업인들이 이런 금융시장의 변동성과 실물 경제의 불확실성에 대해서 우려를 하고 계시는 것이 사실입니다마는 위기는 과장돼도 안 되고 또 방치돼서도 안 됩니다.

늘 거기에 알맞는 파악과 관리가 필요하고 정부가 실물경제를 아주 탄탄하게 관리해 나가고 우리 보유 외환을 불필요한 데 나가지 않도록 잘 관리하려고 최선을 다하고 있고 지난주에도 경제 장관 회의가 그런 차원에서 이뤄졌습니다.

그리고 앞으로도 이런 실물경제 추진전략과 점검회의를 대통령이 주재해서 직접 자주 해 나갈 생각입니다.

그래서 국민들께서는 위기라고 하는 이런 분위기에 의해서 너무 위축되지 마시고 필요한 지출 행위나 소비 행위, 또 기업에서 필요한 투자 행위는 위축되지 않고 정상적으로 해나가는 것이 중요합니다.

그리고 금리인상에 따라서 주택담보부 채무자라든지 가계, 기업의 채무기업이나 가계 채무자들의 재무적인 고통이 또 늘었기 때문에 거기에 대해서도 이분들이 부실화되거나 도산하는 일이 없도록 정부가 적절한 신용 정책을 잘 만들어서 관리해 나가겠습니다.

기 자 대통령님, 전술핵 재배치 관련해서 여지를 남기셨다는 얘기가 나오는데 미국과 공조가 필요한 상황인데 실현 가능성 어느 정도로 보시는지 궁금합니다.

윤석열 제가 그건 어제인가, 그저께 말씀드렸죠. 그걸 가지고 보시면 될 것 같습니다.

기 자 한남동 관저 언제쯤 하실 건지 말씀해 주실 수 있나요?

윤석열 그건 중요한 문제가 아니지 않습니까? 어느 정도 안전, 그런 게 다 된 것 같아서 이제 차차 이사 준비를 해야 되는데 워낙 바쁘고 해서 …

기 자 미국에 실질적인 핵 보유 요청을 하셨다는 이런 내용도 있었는데.

윤석열 제가 엊그제 말씀드린 대로 지금 우리 국내와 미국 조야에 확장억제와 관련된 다양한 의견들이 나오기 때문에 그걸 잘 경청하고 그리고 다양한 가능성에 대해서 꼼꼼하게 따져보고 있습니다.

그리고 이런 안보 사항에 대해서는 대통령이 공개적으로 뭘 확인하거나 명시적인 답변을 드리기 어렵다는 점을 양해해 주시기 바라겠습니다. 수고들 하십시오.

"방사포 발사는 9·19 남북군사합의 위반"

2022년 10월 14일

윤석열 북한이 어제도 오늘 새벽까지 공군력을 동원해서 소위 국가끼리 말하면 카디즈라고 할 수 있는 우리 군에서 설정한 남방조치선을 넘어서 공군력으로 무력시위도 하고 순항미사일에 탄도미사일에 좀 무차별 도발을 해오고 있는 것 다들 알고 계실 겁니다.

여기에 대한 우려도 많이 있습니다만 하여튼 정부는 출범 이후에 북의 이런 도발에 대해서 하여튼 나름 빈틈없이 최선을 다해서 대비태세를 구축해 나가고 있고 그리고 이런 물리적인 도발에는 또 반드시 정치 공세와 또 대남 적화통일을 위한 이런 사회적 심리 공세 이런 것들이 따르게 돼 있기 때문에 우리 국군장병 안보 관계자를 비롯해서 국민 여러분께서 일치된 마음으로 확고한 이런 대적관과 자유민주주의를 지키겠다는 이런 헌법 수호정신을 확실하게 갖는 것이 안보에 무엇보다 중요하다고 생각합니다.

맨날 하시는 분들 계속하시네. 다른 분들은 질문 준비한 거 없어요?

기 자 북한이 도발 수위를 더 높일 경우에는 대응타격도 검토하고 계시나요?

윤석열 그건 내가 이미 다 얘기한 거니까. 그리고 우리가 전통적으로 준비해 갖고 온 3축 체제라는 것이 언론에서는 굉장히 무기력해졌다 이런 평가도 하는데 그건 우려가 반영된 거라고 보고 3축 체제는 유효한 방어체계입니다.

물론 세계 어느 나라도 적이 먼저 선제공격을 할 때 그걸 완벽하게 사전에 대응하거나 100퍼센트 요격할 수는 없습니다. 먼저 공격한다면 맞을 수밖에 없는 경우들이 많이 있죠.

그러나 이제 그런 참혹한 결과를 각오하고 해야 하는 그런 것이기 때문에 이런 대량응징보복이라고 하는 3축체계의 마지막 단계도 사전에 전쟁을 결정하는 데 필요한 상당한 심리적·사회적 억제 수단이 됩니다.

그리고 지금 순항미사일에 대해서 어제부터 이런 언론의 우려가 많이 있습니다만 저희 NSC에서는 순항미사일을 쏜 경우에는 발표 자체를 안 합니다.

왜냐하면 안보리에서도 사실은 순항미사일까지 대북제재를 해야 되는데 탄도만 지금 하고 있지 않습니까? 순항미사일은 속도가 느리기 때문에 그 대신 저고도로 비행을 하다 보니까 감시 정찰에서 적발될 가능성이 적다, 하지만 우리 방어체계로서 우리 레이더망으로 얼마든지 적발하고 또 비행기 정도의 느린 속도기 때문에 요격도 충분히 가능하다고 보고 있어서 저희는 순항미사일에 대해서는 탄도보다는 물론 그것도 위협적이기는 합니다만 탄도미사일에 비해서는 그래도 어떤 뭐라고 그럴까 … 위협과 위험성이 조금 떨어진다고 할 수 있습니다.

기 자 북한이 오늘 방사포를 발사한 것은 9·19 남북군사합의를 명시적으로 위반한 건데 어떻게 보십니까?

윤석열 위반입니다. 지금 하나하나 저희도 다 검토하고 있습니다. 남북 9·19 협의 위반인 건 맞습니다.

기　자 김문수 노사정위원장, 연일 강경발언을 내놓고 있고 노사정대타
협을 실현하기에는 너무 강성인 것 아니냐는 지적이 있는데 인선
배경에 대한 간단한 설명 부탁드립니다.

윤석열 김문수 전 지사는 노동현장을 잘 아는 분입니다. 제도나 이론
에 대해서 해박하신 분도 많이 있습니다마는 그분은 70년대
말, 80년대 실제로 우리 노동현장을 뛴 분이기 때문에 진영에
관계없이 많은 노동 운동가들과 또 이런 서로 네트워크도 가
지고 있고 현장을 잘 아는 분이기 때문에 다른 거 고려하지 않
고 현장을 가장 잘 안다고 판단해서 인선을 하게 됐습니다.

기　자 어제 감사원이 서해 공무원 피살 사건에 대한 감사 결과를 발표
했는데 내용을 보고 받으셨는지 어떻게 평가하고 계시는지.

윤석열 저는 바빠서 서해 공무원 감사 중간발표를 한다고 했나, 이런
보도는 제가 봤는데 그 기사나 이런 것들을 좀 꼼꼼하게 챙겨
보지는 못했습니다.

"카카오 통신망 중단으로 힘드셨을 것"

2022년 10월 17일

윤석열 이번 주말은 아마 카카오를 쓰시는 대부분의 국민들께서 카카오 통신망 중단으로 인해서, 서비스 중단으로 많이 힘드셨을 것으로 생각하고 있습니다.

이게 민간기업에서 운영하는 망이지만 사실상 국민들 입장에서 보면 국가 기간통신망과 다름이 없는 것이고 지금 국회에서도 많은 관심을 가지고 계시기 때문에 여기에 필요한 제도를 잘 정비해서 이런 사고를 미연에 방지하고 또 사고가 발생했을 때 즉각적인 보고체계와 국민들에 대해서 안내하는 것, 그리고 신속한 복구가 이루어질 수 있도록 일단 제가 주말에 과기부 장관 보고 직접 상황을 챙기고 정부가 예방과 사고 후 조치에 대해서 어떻게 대응을 해야 되는지 검토를 시켰습니다.

국회와 잘 논의해서 이 부분을 향후에 국민들 불편 없도록 하겠습니다.

기 　자 카카오가 현재 메신저라든지 아니면 택시라든지 시장에서 차지하고 있는 점유율이 상당하지 않습니까? 일부에서는 독점 얘기도 나오는데 이런 구조 자체가 정부가 개입이나 개선에 대해서 고민을 해봐야 되는 부분이 있다고 보시는지 궁금합니다.

윤석열 저는 기업의 자율과 창의를 존중하는 자유시장경제 사고를 갖고 있습니다마는 그것은 시장 자체가 공정한 경쟁 시스템에 의해서 자원과 소득이 합리적으로 배분이 된다라고 하는 그런 것을 전제로 하는 것이고요.

만약에 독점이나 심한 과점 상태에서 시장이 왜곡되거나 더구나 이것이 국가 어떤 기반 인프라 같은 정도를 이루고 있을 때는 그건 국민의 이익을 위해서 당연히 제도적으로 국가가 필요한 대응을 해야 된다고 생각합니다.

그런 문제는 공정거래위원회에서 지금 검토하고 있는 것으로 알고 있습니다.

오늘은 국제 IOC 국가올림픽위원회 행사가 있습니다. 여러분들 아시겠지만.

그래서 행사를 하고 저녁 만찬은 각국의 IOC 집행위원들이 전부 오셔서 그분들하고 이런 만찬을 진행하기로 되어 있고 여러분들도 많은 관심을 가져주시기 당부드리겠습니다.

"주사파인지 아닌지는 본인이 잘 알 것"

2022년 10월 20일

윤석열 오늘 평일인데 많이 오셨네. 어제 양곡관리법안이 국회 상임위를 통과했습니다.

야당에서 소위 비용 추계서도 없이 이렇게 통과를 시켰는데 수요를 초과하는 공급 물량으로 농민들이 애써서 농사지으신 쌀값이 폭락을 하거나 이런 일이 없도록 정부도 금년에 역대 최대 규모의 쌀 격리를 실시를 했습니다.

그렇지만 이것을 정부의 재량사항으로 맡겨와야지, 수요와 공급의 격차를 점점 줄여가면서 우리 재정과 농산물의 낭비를 막을 수가 있습니다.

그런데 이것을 법으로 매입을 의무화를 시키게 되면 이 격차가 점점 벌어지고 과잉공급 물량을 결국은 폐기를 해야 되고 그리고 농업 재정의 낭비가 심각합니다.

오히려 그런 돈으로 농촌의 개발을 위해서 써야 되는데 과연 이것이 농민들에게 저는 도움이 안 된다라고 생각을 하고 있습니다. 국회에서 조금 더 심도 있는 논의를 해 주기를 당부드립니다. 그리고 15일날 평택 SPC 공장에서 일어난 산재 사고인데 너무나 안타까운 사고입니다.

그런데 오늘 아침 언론 보도를 보니까 천을 둘러놓고 그 기계를 사고 원인에 대한 정확한 조사도 다 되지 않은 상태에서 기계를 가동을 해서 이를 안 시민들께서 굉장히 분노하고 있다는 기사를 봤습니다.

당시에 고용노동부가 즉각 현장을 가서 조사를 했고 안전장치 없는 기계는 가동을 중단을 시켰는데 안전장치가 있는 기계가 가동이 되는 것을 확인하고 다시 그것마저 가동을 중단시키기는 했습니다마는 그 사이에 일부 기계가 가동된 것을 아마 시민들이 아시게 된 것 같습니다.

아무리 법이나 제도나 이윤이나 다 좋습니다마는 우리가 그래도 같은 사회를 살아나가는데 사업주나 우리 노동자나 서로 상대를 인간적으로 살피는 그런 최소한의 배려는 서로 하면서 우리 사회가 굴러가야 되는 게 아닌가, 참 너무나 안타까운 일이고 그래서 오늘 아침에 이 부분에 대해서도 경위 파악을 지시했습니다. 질문 있으시면 한두 개 받겠습니다.

기　자 주사파 발언에 대해서 민주당에서는 야당 겨냥한 것이냐는 반발도 나오는데 어떤 입장이십니까?

윤석열 주사파인지 아닌지는 본인이 잘 아는 거니까. 저는 어느 특정인을 겨냥해서 한 얘기는 아니고 대통령은 헌법상 우리 헌법을 수호하고 또 국가를 보위해야 될 책임이 있는 사람이기 때문에 마침 또 거기에 대한 얘기가 나와서 제가 답변을 그렇게 한 것입니다.

기　자 지금 이어지는 검찰 수사에 대해서 민주당에서는 야당 탄압이다. 그리고 대통령실의 기획사정이다, 이런 주장을 하고 있습니다. 거기에 대해서는 어떻게 보시는지 궁금합니다.

윤석열 저는 이런 수사에 대해서는 저 역시도 언론 보도나 보고 아는 정도고 자세한 내용은 제가 수사 내용을 챙길 정도로 한가하지는 않습니다.

그렇지만 야당 탄압이라는 얘기가 나오면 지금의 야당이 여당이던 시절에 언론사를 상대로 며칠 동안이나 압수수색을 했던 그런 것들을 생각을 해보면 그런 얘기가 과연 정당한 것인지 국민들이 잘 아실 거라고 생각합니다.

수고하십시오.

"조건부 시정연설은 들어본 적 없어"

2022년 10월 24일

윤석열 오늘 월요일이라 많이들 나오셨네. 주말 잘 쉬셨습니까? 최근 레고랜드 사태로 인해서 채권시장과 기업어음 CP시장에 일부 자금 경색이 일어나서 어제 정부에서 대규모 시장 안정화 대책을 발표했습니다.

오늘 아침 보도가 나왔기 때문에 잘 알고 계시리라 믿고, 이런 신속한 대규모 시장안정화 조치는 무엇보다 중소기업의 자금 난을 해소하는 데 큰 도움이 될 것이라고 판단해서 신속하게 오늘부터 집행에 들어갈 것입니다.

그리고 지금 고금리로 인해서 약탈적인 불법 사금융들이 서민들에 고통을 주고 있는 점을 감안해서 제가 벌써 누차 얘기를 했습니다마는 정부는 무관용의 원칙으로 그런 약탈적 불법 사금융에 대해서 강력히 단속해 나갈 예정입니다.

그리고 어려운 분들이 채무불이행에 빠지더라도 건강한 경제 주

체로 회복할 수 있도록 필요한 지원을 이미 말씀드린 대로 계속해 나갈 생각입니다. 질문 있으면 한두 개 받겠습니다.

기 자 시정연설이 국회법에 정해진 절차이긴 하지만 야당에서는 두 가지 정도 조건을 내걸고 참석 여부를 조율하고 있는 것 같습니다. 다수 야당에서 시정연설 참석을 놓고 조건을 내건 상황에 대해서 어떻게 평가하시는지 궁금하고요. 야당 참석 여부와 상관없이 시정연설 진행하시는 건지도 궁금합니다.

윤석열 글쎄, 우리 헌정사에 헌법이 보장하고 있는 대통령의 국회 출석 발언권과 또 국회법에서 예산안이 제출되면 정부의 시절연설을 듣도록 돼있는 국회법의 규정, 그리고 여야합의로 25일로 일정이 정해졌는데 거기에 무슨 추가 조건을 붙인다는 것을 제가 기억하기로는 우리 헌정사에서 들어보지 못한 것 같습니다. 또 다른 거 있으십니까? 그래요. 오늘 하루도 …

⋯⋯⋯⋯⋯⋯⋯⋯

"국회의 협력과 협조가 중요하다는 것을 계속 강조"

2022년 10월 26일

윤석열 안보 상황은 녹록지 않아도 가을 하늘은 드높고 맑습니다. 여러분들 다 아시다시피 어제 이번에 639조의 정부 예산안을 제출하면서 시정연설을 했습니다.

국민의 혈세를 어떻게 쓸 것인지를 우리 국회와 국민께 그리고 국내외 시장에 알리고 그리고 지금 건전재정 기조로 금융 안정을 꾀한다는 정부의 확고한 정책방향을 국내외 시장에 알림으로써 국제신인도를 확고하게 구축한다는 그런 의미를 담았습니다. 그리고 의원님들께서 전부 참석하지 못하신 게 아쉽기는 하지만 법정시한 내 예산안 심사를 마쳐서 내년부터는 우리 취약계층의 지원과 또 우리 국가 발전과 번영에 필요한 예산을 집행할 수 있도록 협조해 주시면 하는 그런 마음이 있습니다. 질문 있습니까?

기 자 어제 시정연설에서 야당과의 협치라는 말이 한 번도 사용되지 않았잖아요. 그런데 현시점에서 대통령님이 생각하시는 협치란 무엇인지 궁금합니다.

윤석열 어제 시정연설에서 야당이라는 말은 안 썼지만 국회의 협력이 필요하고 협조가 중요하다는 것을 계속 강조했습니다.

기 자 지금 옐런 미 재무부 장관이 IRA와 관련해서 한국의 입장은 이해하지만 법대로 시행하겠다고 밝혀서 한국 자동차업계에서 긴장감을 보이고 있는데 이에 대해서 우리 정부는 어떻게 대처하고 있는지 ….

윤석열 글쎄, 미국 정부의 일반적인 입장하고는 조금 차이가 있는 것
같습니다. 좀더 지켜보시죠.

기　자 대통령님, 어제 비어 있는 국회가 분열의 정치를 상징하는 것 아
니냐 비판도 나오고 있는데 보시면서 어떤 생각이셨고 이 정국
어떻게 해결해 나가실지 궁금합니다.

윤석열 정치라고 하는 것은 늘 살아 있는 이런 생명체와 같은 거 아니
겠습니까? 다만 좀 안타까운 것은 정치 상황이 어떻더라도 과
거에 노태우 대통령 시절부터 지금까지 약 삼십 몇 년간 우리 헌
정사에 하나의 관행으로 굳어져 온 것이 어제부로 무너졌기 때
문에 아마 앞으로는 정치 상황에 따라서 대통령 시정연설에 국
회의원들이 불참하는 이런 일들이 종종 생기지 않겠나 싶고, 그
것은 결국 대통령뿐만 아니라 국회의 국민의 신뢰가 더 약해지
는 것이 아니냐 …, 국회를 위해서도 바람직한 것인지에 대해서
도 생각해볼 여지가 있습니다. 그래서 좋은 관행은 어떠한 어려
운 상황이 있더라도 지켜져야 되는 것이라고 생각합니다.

기　자 대통령님, 이재명 대표가 요구한 대장동 특검에 대해서 정확한
입장을 한번 ….

윤석열 오늘 하루 잘 보내시고 거기에 대해서는 이미 많은 분들이 입장
을 다 냈습니다.

"조상준 국정원 기조실장 면직, 과중한 업무를 감당하는 게 맞지 않겠다고 생각"

2022년 10월 27일

윤석열 가을 날씨도 좋은데 여러분들 기자실에만 계시지 말고 잔디에 나와 산보도 하고 하시죠. 오늘은 오후 2시부터 비상경제민생회의를 언론에 공개해서 진행을 좀 해보고자 합니다.

그동안 우리가 고금리로 인해서 경제가 많이 위축되고 기업의 부실을 막기 위해서 여러 가지 시장 안정화 조치 이런 것들을 해왔고 또 추석 물가를 잡기 위해서 노력을 해왔습니다. 물론 그러면서도 미래 우리 먹거리 산업에 대한 투자 계획도 게을리하지 않았습니다.

그런데 오늘은 이런 고금리 상황에서 기업 활동, 또 여러 가지 투자, 경제활동들이 많이 위축이 되기 때문에 각 부처가 경제활동을 활성화하고 수출을 촉진할 수 있는 여러 가지 추진정책들을 내놓고 함께 논의하고 점검하는 그런 회의를 하고자 합니다. 사실 2주 전에 한 번 했습니다.

비공개로 했는데 오늘은 좀 내용을 더 보강해서. 그래서 어려운 상황이지만 우리 경제 활동하시는 분들이 미래에 대한 희망을 가지고 우리 경제활동, 투자활동이 위축되지 않도록 정부가 여러 가지 지원과 촉진 방안들을 아마 장관들이 설명을 할 겁니다. 물론 이것이 과거 우리 경제를 정부가 견인해가는 그런 방식은 아닙니다. 저희는 기본적으로 시장이 공정한 시스템에 의해서 자율적으로 굴러가도록 규제를 풀어나가는 것을 원칙으로 하고 있습니다마는 경제가 좀 어려울 때는 정부가 뒤에서 밀어주는 다양한 실물 쪽의 정책들이 필요하고, 또 금융정책에 관해서도 리스크를 대응하는 차원이 아니라 적극적으로 어떤 산업을 좀 지원하기 위해서 수출 금융이라든지 이런 다양한 산업금융에 대한 얘기도 아마 나오지 않겠나 싶습니다. 이거는 보시고 여러분들이 미흡하다고 생각하실 수도 있습니다. 왜냐하면 무슨 리허설을 한다든지 이런 걸 하지를 않았습니다. 그리고 좀 자연스럽게. 쇼를 연출하거나 이런 거는 절대 하지 말라고 해놨으니까 자연스럽게 진행이 될 것이고 정부가 경제활동을 활성화하기 위해서 어떤 고민을 하고 있는지 그런 점만 국민들께서 공감을 하시면 되지 않겠나 생각을 하고 준비해서 연출하고 하는 것은 아니니까 좀 미흡하더라도 잘 혜량해 주시기를 부탁드립니다.

기 자 대통령 측근이라는 점 때문에 국정기조실장 면책 관련해서 국민들이 많이 궁금해하는데요. 그 시점도 그렇고 그 사유도 그렇고. 인사권자로서 구체적으로 설명을 해 주셨으면 좋겠는데요.

윤석열 일신상의 이유라서 공개하기는 좀 그렇습니다. 그러나 중요한 직책이기 때문에 계속 업무를, 과중한 업무를 감당해 나가는 것이 맞지 않겠다 해서 본인의 사의를 수용한 것입니다. 무슨 공적인 거라면 저희가 궁금해하시는 분들한테 말씀을 드릴 수 있지만 개인적인 문제라서.

"저급하고 유치한 가짜뉴스 선동은 국민을 무시하는 것"

2022년 10월 28일

윤석열 벌써 금요일입니다. 어제는 비상경제민생회의를 국민들께 공개해서 진행을 했습니다. 오늘은 과학기술자문회의 새로 구성된 헌법상의 기관인 과학기술자문회의가 오늘 열립니다. 어제 경제활성화 추진전략 및 점검회의라고 이름을 붙였습니다마는 한마디로 말해서 수출 드라이브 회의라고 보시면 됩니다.

우리 경제는 여러분 다 아시다시피 대외 의존도가 거의 세계에서 최고로 높은 나라고 수출로 먹고 사는 나라입니다. 반도체, 자동차, 조선, 석유화학. 이 4대 산업의 수출로 우리가 이렇게 먹고 살아왔습니다. 앞으로는 2차전지라든지 바이오 등의 다양한 분야로 우리의 수출 영역을 더 확대해야 됩니다.

우리 기업이 과거에 박정희 대통령 시절에 수출 드라이브 정책을 펼 때 하고 우리 기업의 체급도 달라졌고 축적된 기술이라든가 경영관리, 국제화 역량 이런 게 엄청나게 변했습니다. 그러나 역시 경제가 어려울 때는 민관이 힘을 합쳐서 이러한 수출 촉진 전략을 펴야 될 때라고 저는 생각합니다.

그래서 과거처럼 정부가 앞에서 끌고 가는 것이 아니라 뒤에서 기업을 밀어줘서 더 돈도 벌고 일자리도 더 만들고 또 고금리로 위축되지 않도록 정부가 도와줄 수 있는 모든 것들을 모든 부처에, 전부 산업부라는 차원에서 일을 하도록 그렇게 촉구하는 그런 회의였다고 보시면 될 것 같고. 오늘 과학기술정책자문회의도 제가 지난번 선거 때부터 우리 과학기술 정책 비전을 말씀을 드렸습니다만. 가장 중요한 것이 국가 전략 기술에 대한 정부의 강력한 그런 리더십이 필요합니다.

모든 과학기술이라든가 하는 것도 역시 민간의 자율과 창의에 의해서 나오는 깃이지만 국가 전략기술에 대해서는 정부가 강력하게 지원하고 리더십을 가질 때 가능하다고 생각합니다. 그래서 과학기술정책자문회의를 중심으로 해서 아주 체계적이고 또 일관되고 정치와 과학이 확연하게 분리되는 국가의 어떤 미래산업 전략으로 세워나가겠습니다.

기　자 대통령님, 국감에 이어서 야당 공식 회의에서도 의혹이 제기되는
　　　 상황이어서 질문을 드릴 수밖에 없는데요. 한동훈 장관과 함께
　　　 이른바 청담동 술자리에 계셨다는 주장이 제기되는 상황입니다.

윤석열 다른 질문 없습니까? 그런 저급하고 유치한 가짜뉴스 선동은
　　　 국민을 무시하는 거니까. 솔직히 말해서 입에 담기도 대통령 입
　　　 에서 그런 부분에 대한 언급이 나온다는 자체도 국격에 관계되
　　　 는 문제 아니겠습니까?

기　자 국제현안 관련해서 질문 하나 드리겠습니다. 푸틴 러시아 대통
　　　 령이 한국을 지목하면서 "우크라이나에 무기를 지원할 시에는
　　　 한러 관계가 파탄 날 것이다"라고 말했는데 이에 대해서 한 말
　　　 씀 부탁드리겠습니다.

윤석열 우리는 우크라이나에 대해서 늘 인도적인 그런 평화적인 지원을
　　　 국제사회와 연대해서 해왔고 살상무기라든가 이런 것은 공급
　　　 한 사실이 없습니다마는, 어디까지나 우리 주권의 문제이고 그
　　　 리고 우리는 세계 모든 나라들. 러시아를 포함해서 다 평화적이
　　　 고 좋은 관계를 유지하려고 노력하고 있다는 사실은 알아주셨
　　　 으면 합니다.

기　자 민주당이 감사원법 개정을 당론으로 추진하겠다는 입장을 밝힌
　　　 상황입니다. 정치가 자신들의 유불리에 따라서 사정기관을 재단
　　　 하고 통제하는 상황들이 몇 년간 계속 반복되고 있는데요. 평

소 이런 일들에 대한 소신과 입장이 있으십니까?

윤석열 우리 정부는 감사원의 이런 감사활동에 대해서 관여하거나 개입하지 않습니다. 수고하십시오.

"고민 많았지만 국익이 걸린 만큼 순방 결정"

2022년 11월 10일 (10/29 핼러윈 참사 이후 첫 기자회견)

윤석열 내일부터 아세안 정상회의와 G20 정상회의를 참석하기 위해 다음 주 수요일까지 순방을 떠나게 됩니다.

이태원 참사의 희생자와 그 유가족, 아직도 충격과 슬픔에서 힘들어하시는 국민을 두고 이런 외교 순방 행사에 참석을 해야 되는지 고민을 많이 했습니다마는 워낙 우리 국민들의 경제 통상 활동과 그 이익이 걸려 있는 중요한 행사라 힘들지만 어쨌든 순방을 가기로 결정했습니다.

여러분들 아시다시피 아세안은 동남아시아 국가들의 연합체고 많은 경제 강국을 비롯한 많은 국가들이 이 아세안의 중심성이라고 하는 것을 받아들이면서 관심을 집중시키고 있는 그런 지역입니다.

전세계 물동량의 50퍼센트가 이 아세안 지역에서 움직이고 수만 개의 우리 기업들이 이 지역에 투자를 하고 경제 전쟁과 경쟁을 치르고 있는 지역입니다. 그래서 우리나라 대통령으로서 우리 기업들의 경제활동을 든든하게 뒷받침해 주기 위해서 이 회의 참석이 불가피한 것으로 판단하게 됐고 그리고 많은 나라들이 지금 인도태평양 전략들을 속속 발표하고 있습니다. 저도 이번 아세안 정상회의에서 자유, 평화, 번영에 기초한 우리나라의 인도태평양 전략의 원칙을 발표하고 그리고 한국과 아세안의 관계에 대한 연대의 구상을 발표하게 됩니다.

그리고 이런 다자회의에서 또 중요한 양자회담들이 여러 가지가 있습니다. 먼저 한미일 정상회담은 확정이 됐고 몇 가지 양자회담도 확정됐거나 또는 진행 중입니다.

다자회의에서의 양자회담은 미리 확정되는 경우도 있고 또 다자회의 진행 중에 갑자기 만들어지는 경우도 있거니와 또 검토가 되다가 여러 가지 사정상 변경되는 경우도 있습니다마는 중요한 양자회담들도 다자회의 기간 동안에 있습니다.

G20는 B20이라는 비즈니스 기업인들의 회의와 투트랙으로 이어지기 때문에 두 가지 회의에 전부 참석하게 됩니다. 그리고 마

지막 날 하루는 일정을 줄여서 G20은 이틀만 참석을 하고 밤 늦게 귀국할 생각입니다. 국회에 출석한 정부 위원들과 관련해서 많은 일들이 있지 않았습니까? 종합적으로 다 이해를 해 주시면 좋을 것 같습니다.

기 자 야당이 국정조사 요구서를 제출한 상태입니다. 진상조사를 철저하게 해야 한다고 강조하셨는데 국정조사 필요성에 대해서는 어떻게 판단하시는지?

윤석열 과거에도 우리가 많은 인명피해와 희생자가 발생한 이런 사건 사고에서 수사기관이 과학수사와 강제수사에 기반한 신속한 진상규명을 국민들 모두가 바라고 있습니다. 그래서 저는 일단 경찰 수사 그리고 송치받은 후에 신속한 검찰 수사에 의한 진상규명을 국민들께서 더 바라시고 계시지 않나, 이렇게 생각합니다.

기 자 순방 전부터 특정 언론사에 대해서 대통령 대통령기 전용기 탑승을 배제하면서 논란이 되고 있는데 대통령님 입장이 있으신지 궁금합니다.

윤석열 대통령이 많은 국민들의 세금을 써가며 이런 해외 순방을 하는 것은 그것에 중요한 국익이 걸려 있기 때문입니다. 그리고 우리 기자 여러분께도 외교 안보 이슈에 관해서 취재 편의를 제공해 온 것이고 그런 차원에서 받아들여주시면 되겠습니다.

"MBC 탑승 배제, 가짜뉴스 이간질 때문에 실시한 조치"

2022년 11월 18일

윤석열 여러분들, 오랜만입니다. 지난주 목요일날 출국 전에 여러분들 뵙고 이제 오늘 8일째인가요? 9일째인가 이렇게 됐죠. 거의 한 주 이상이 외교 주간이라고 할 수 있었습니다. 우리 국민 여러 분께서 성원해 주신 덕분에 이런 연속되는 중요한 오랜 외교 행사를 무난하게 진행할 수 있었습니다.

아세안 정상회의에서는 우리가 준비해 온 인도태평양 전략의 기조를 발표하고 그리고 한국과 아세안의 연대 구상 또 인도태평양 전략을 아세안 10개국에게 맞춤형으로 다시 정리한 그 연대 구상을 발표를 했습니다.

그리고 여러분들 다 아시다시피 한미일 정상회담이 있었고 한미일 정상회담은 북핵에 대한 안보뿐만 아니라 경제 안보와 또 기후, 보건과 같은 그런 글로벌 이슈에 대해서도 3국이 함께한다는 그런 선언이라고 보시면 되겠습니다.

그리고 시진핑 주석과의 회담도 제가 생각하기에는 무난하게 잘 진행이 됐다고 생각합니다. 앞으로 고위 당국자들이 자주 만나고 소통을 해서 상호 여러 가지 경제와 안보 현안에 대해서 서로 오해가 없도록 잘 소통하고 협력을 증진하기로 이렇게 했고 또 시 주석은 "공직자뿐만이 아니라 민간 분야까지 민관으로 좀 자주 보는 게 좋겠다." 이런 얘기가 있었고 저의 방중과 시 주석의 방한을 서로 초청을 했습니다.

그리고 어제는 관저에서 빈살만 사우디 왕세자 겸 총리의 방문이 있었고 최고위급 회담과 또 빈살만 왕세자와의 단독 회담도 어제 진행을 했습니다.

여러분도 다 아시겠지만 인프라 그리고 방산 그리고 원전 그리고 수소 이런 다양한 분야의 어제 20개가 넘는 MOU가 체결이 됐고 우리 또 K콘텐츠에 대해서도 관심을 많이 가지고 있어서 하여튼 포괄적인, 종합적인 이런 상호 협력과 사우디의 투자 계획이 어제 발표가 있었습니다.

MOU에 관해서 상세한 내용들은 각 부처가 후속해서 여러분께 알려드릴 걸로 생각이 됩니다. 그리고 오후에는 루터 네덜란드 총리의 방문이 있었고 한국과 네덜란드 간 정상회담을 하고 ASLM 회장과 또 우리 삼성과 SK의 두 CEO하고 이렇게 환담도 하고 정상회담도 했습니다. 여러 가지 다양한 분야에서의 한국, 네덜란드의 관계가 있습니다마는 제일 중요한 것은 역시 반도체 분야에 있어서 상호 보완적인 그런 구조를 가지고 있기 때문에 더욱 긴밀하게 협력을 하고 한국 정부와 네덜란드 정부는 상호보완적인 반도체 산업을 서로 정부 차원에서 적극 밀어주는 것을 기본 내용으로 하고 있다고 보면 되겠습니다.

오늘은 스페인 산체스 총리가 우리 용산 청사를 방문해서 정상회담을 갖게 되는데 우리가 스페인과 수교한 이후에 G20 같은 다자회담을 제외하고는 스페인 총리가 한국에 방한해서 이렇게 양자 정상회담을 갖는 것은 최초의 일입니다. 그리고 스페인도 제가 나토 회의 때 가서 스페인 기업인들을 만나보니까 신재생에너지와 첨단산업 분야에 대한 한국 진출을 굉장히 기대하고 있고 또 신재생에너지 부분은 벌써 세계적인 기업들이 국내에 와서 여러 가지 타당성 조사를 하고 그러는 과정에 있습니다.

그래서 스페인하고 우리 한국 정부가 이런 민관 주도의 경제 협력을 적극 지원해줘야 하기 때문에 오늘 스페인과의 정상회담도 경제적으로 큰 의미가 있지 않나 생각합니다. 일주일 여정이 길어서, 제 발언이 좀 길었는데 질문 있으시면 한두 개 받겠습니다.

기　자 어제 회담을 하셨는데 빈살만 왕세자하고 단독 환담을 하셨잖아요. 어떤 말씀 나눴는지 소개해 주세요.

윤석열 상대국 정상과 단독 환담한 얘기를 공개하기는 좀 그렇습니다. 그리고 용산 청사와 관저 두 군데를 놓고 양쪽의 협의가 있어서 그 협의에 따른 것이고 관저가 지은 지가 54년이 됐습니다. 그래서 안에 리모델링, 인테리어 이런 걸 좀 했지만 외빈을 모시기에 좀 부족하지 않나 하는 생각을 하고 있습니다마는 또 그 나름대로 국가 정상의 개인적인 공간을 보여주는 것이 또 별도의 의미가 있기 때문에 그래서 어제 굉장히 기분 좋은 분위기에서 이루어졌고 또 다음에 이런 정상회담을 또 관저에서 할지는 그건 또 상대측하고 협의를 해봐야 될 것 같습니다.

기 자 대통령님, 전용기에서 특정 기자들만 불러서 얘기하신 게 언론 길들이기다, 부적절한 비판도 있는데 어떻게 생각하십니까?

윤석열 거기에 대해서는 제 개인적인 일입니다. 제가 취재에 응한 것도 아니고 ….

기 자 공적인 공간이었는데요.

윤석열 또 없으신가요?

기 자 대통령님 말씀하신 것처럼 이번 순방 기간에 상당한 성과가 있었습니다마는 특정언론사의 전용기 탑승 배제를 비롯해서 논란도 있었습니다. 그런 선택적 언론관이라는 비판도 일부에서 나오고 있는데 그런 비판에 대해서 어떤 입장이신가요?

윤석열 자유롭게 비판하시기를 저는 바라고요. 저는 언론의 또는 국민들의 비판을 늘 다 받고 또 마음 열려 있습니다. 다만 MBC에 대한 전용기 탑승 배제는 우리 국가 안보의 핵심축인 동맹관계를 사실과 다른 가짜뉴스로 이간질하려고 아주 악의적인 그런 행태를 보였기 때문에 대통령의 헌법수호 책임의 일환으로서 부득이 한 조치였다고 생각을 하고 언론도 입법, 사법, 행정과 함께 민주주의를 떠받치는 네 개의 기둥입니다.

예를 들어서 사법부가 사실과 다른 그런 증거를 조작하고 해서 만약에 어떤 판결을 했다고 할 때 국민 여러분들께서 사법부는 독립기관이니까 거기에 대해서 문제 삼으면 안 된다고 하실 건 아니지 않습니까?

그래서 언론의 자유도 중요하지만 언론의 책임이 민주주의를 떠받치는 기둥이라는 그 측면에서 매우 중요하다고 생각합니다.

더구나 그것이 국민들의 안전 보장과 관련되는 것일 때에는 그 중요성은 이루 말할 수 없다고 생각합니다.